科学家名人传记丛书

弗洛伊德

精神分析第一人

The first psychoanalysis

Freud

傅德岷——主编

上海科学技术文献出版社
Shanghai Scientific and Technological Literature Press

图书在版编目(CIP)数据

弗洛伊德:精神分析第一人 / 傅德岷主编. —上海:
上海科学技术文献出版社, 2021
ISBN 978 - 7 - 5439 - 8378 - 6

Ⅰ. ①弗…　Ⅱ. ①傅…　Ⅲ. ①弗洛伊德(Freud,
Sigmmund 1856—1939)—传记—青少年读物
Ⅳ. ①K835.215.1 - 49

中国版本图书馆 CIP 数据核字(2021)第 142191 号

策划编辑:张　树
责任编辑:罗毅峰

弗洛伊德:精神分析第一人

傅德岷　主编

*

上海科学技术文献出版社出版发行
(上海市长乐路 746 号　邮政编码 200040)
全 国 新 华 书 店 经 销
四川省南方印务有限公司印刷

*

开本 650×900　1/16　印张 14.25　字数 285 000
2021 年 8 月第 1 版　　2021 年 8 月第 1 次印刷
ISBN 978 - 7 - 5439 - 8378 - 6
定价:48.00 元
http://www.sstlp.com

前　言

西格蒙德·弗洛伊德（Sigmund Freud，1856—1939），奥地利近代著名的精神科、神经科医生，心理学家，精神分析学派创始人。

弗洛伊德于1856年出生在弗赖贝格市，当时那是奥匈帝国的一部分。他四岁时全家迁居到维也纳，他的一生几乎都是在那里度过的。弗洛伊德读书时就是一个出类拔萃的学生，1881年他在维也纳大学获得医学学位。在随后的十年中，他在法国一个精神病诊所行医，后来个人开业治疗神经病，同时致力于生理学的研究。

弗洛伊德的心理学思想是逐渐发展起来的。1895年他的第一部论著《歇斯底里的研究》出版；他的第二部论著《梦的解析》于1900年问世，这是他最有创造性、最有意义的论著之一，虽然该书最开始滞销，但是却大大地提高了他的声望。他的其他重要论著也相继问世。1902年他在维也纳组织了一个心理学研究小组，称为“周三学会”，艾尔弗雷德·阿德勒就是其中最早的成员之一，几年以后卡尔·荣格也加入了这个行列。这两个人后来都成了名副其实的世界著名心理学家。1908年弗洛伊德在美国做了一系列演讲，当时他已是一位知名人士了。

弗洛伊德结过婚，有六个孩子。他晚年罹患口腔癌，为了彻底根治，他从1932年起先后做过三十多次手术。尽管如此，他仍然工作不息，陆续写出了一些重要论著。1938 年纳粹分子入侵奥地利，弗洛伊德是犹太人，被迫以八十二岁高龄逃往伦敦，翌年在那里不幸去世。

弗洛伊德对心理学做出了很大贡献，用简短的文字很难加以概括。他强调人行为中的无意识思维过程极为重要。他证明了这样的过程如何影响梦的内容，如何造成常见的不幸，如口误、忘记人名、致伤的事故，甚至疾病。弗洛伊德创造了用精神分析来治疗精神病的方法。他系统地论述了人的个性结构学说，还发展和普及了一些心理学学说，如有关焦虑、防御功能、阉割情绪、抑制和升华等。他的著作极大地引起了人们对心理学的兴趣，他的许多观点在过去和现在都存在着很大的争论，而且是自他提出之日起就引起了热烈的争论。弗洛伊德为世人所知，也许是由于他提出了受抑制的性爱经常会引起精神病或神经病这一学说。他还指出，性爱和性欲始于早期儿童时期而不是成年时期。

至今对弗洛伊德的许多学说仍有很大争议，因此很难估计出他在历史上的地位。他有创立新学说的杰出才能，是一位先驱者和带路人。但是与达尔文和巴斯德的学说不同的是，弗洛伊德的学说从未赢得过科学界的普遍承认，所以很难说他的学说中有百分之几最终会被认为是正确的。然而尽管他的学说一直存在着争论，他仍不愧为人类思想史上的一位极其伟大的人物。他的心理学观点使我们对人类的思想观念发生了彻底的革命，他提出的概念和术语已被普遍使用——例如本我、自我、超我、恋母情结和死亡冲动。

弗洛伊德当然不是心理学的鼻祖。从长远来看，人们也许会认为他作为心理学家所提出的学说并非十分正确，但他显然是在现代心理学发展中最有影响、最为重要的人物。

目　录

第一篇　勤勉自信的少年

如果一个人成为他母亲无可否认的宝贝儿子，那么他一生都会拥有胜利的感觉。对于成功的自信心也一定很强，很少不能达到真正的成功。

——弗洛伊德

出身于犹太商人家庭

西格蒙德·弗洛伊德 1856 年 5 月 6 日出生于奥地利（现属捷克）弗赖贝格市摩拉维亚镇夫来堡。他在位于休洛塞格斯街 117 号二楼的一个小房间里呱呱坠地。那是当时他家唯一的住所，直到三年后他们才搬走。在这所房子里，住着他的父亲柯拉蒙·雅各伯、母亲亚玛莉和他。

弗洛伊德出生时，他的父亲雅各伯已经四十岁了。雅各伯和前妻曾生有两个男孩：伊马钮，生于 1832 年；菲力普，生于 1836 年。弗洛伊德的母亲当时才二十岁，和她的继子一样大，

休洛塞格斯街 117 号，弗洛伊德诞生的地方

甚至比她继子看起来更年轻。

夫来堡的居民中，大约有四千多人是天主教徒，一百人是新教徒，犹太人也有一百人，主要是德国国籍。19世纪40年代由于当地兴起了民族主义思想，他们遭到地方上反德国人思潮的仇视。虽然生活在气氛自由的小小的商业城镇里，与大多数人和邻居也处得相当好，但是他们却生活得战战兢兢，唯恐随时会遭遇不测。

1859 年摩拉维亚的夫来堡

弗洛伊德的家族迁到摩拉维亚镇夫来堡四年以后，雅各伯的祖父埃弗莱姆和他的孙子一样，都登记为加利肯的流浪犹太人，同时申请允许雅各伯做他的生意合伙人。就这样，祖孙一块儿经营布匹、羊毛、蜂蜜和兽脂的生意。

合伙的生意显然兴旺了几年。1852 年底，雅各伯的两个儿子伊马钮和菲力普，也到夫来堡和他们会合。

夫来堡的自然景观和犹太人的意识形态都对弗洛伊德以后的生活有很明显的影响。从喀尔巴阡山一直延伸到他家附近的茂密森林，是他孩提时和父亲常去的地方，因而喜爱大自然风景的强烈感情不断在他内心滋长着。他在成年时回顾道："这些都使我满足了智慧上和美学上的需要。"

1859 年，雅各伯带着他的新婚妻子到夫来堡四年以后，也是他最小的儿子出生三年以后，弗洛伊德的全家人——雅各伯与他的妻子、小孩以及两个前妻生的儿子，加上伊马钮的家人离开了夫来堡。

环境的改变使弗洛伊德的心灵受到了创伤。他后来这样写道："我在都市里从未真正感到舒服，我相信现在以至永远，我都不能释怀于对我们家附近美丽树林的渴望……"

和弗洛伊德生长过程中的自然环境一样对其产生深刻影响的，是他那犹太人的血缘心理，像日出日落一样成为他生活的一部分。父亲雅各伯本性达观乐天，对他同胞们的宗教抱着怀疑的态度，这对弗洛伊德的影响不若母亲亚玛莉笃信宗教的态度来得深。年轻的弗洛伊德渐渐对犹太人的宗教很执着，长大以后，他把民族的重要性看得仅次于他的"精神分析"。他经常强调，"我的父母亲是犹太人，我自己也一直保存有犹太人的传统"。

年幼的弗洛伊德

他们次年到达了维也纳，在维也纳的一所简陋公寓定居下来。

除弗洛伊德之外，亚玛莉又生下

弗洛伊德的全家照

了五个女儿和两个儿子。1866 年小弟弟亚历山大出生后，现在他们家有八个子女了。一家人首先搬到彼勒卑夫街，然后又搬到菲佛尔街。

弗洛伊德先在家里接受父母的教育，然后在私立学校就读了一段时间，最后到当地的公立学校就读。他学习成绩一直名列前茅。九岁时，通过考试进入了李波史达德社区学校，并在十七岁时毕业。

他受的完全是严格的古典文化教育。对拉丁文和希腊文的扎实学习使他开阔了眼界，同时也让他看到了古代的世界，因而他对考古学发生了兴趣。他还具有以简单的句子来表达复杂观念的能力，同学大都难以望其项背。

六岁时的弗洛伊德与他的父亲合照于维也纳

他也学会了法文和英文，在空暇时还自修西班牙文和意大利文。他对自然科学的兴趣可能是由《动物的生命史》这本书所引发的，那是他在十一岁时从学校得来的奖品。他在城郊树林里独自散步时，往往会搜集许多植物和花卉的标本带回家中。

在妹妹安娜的回忆里，她哥哥带回家的男孩子，都是喜欢切磋功课的朋友而非玩伴。由此我们可以清楚地知道，少年弗洛伊德是一个用功、执着、决心想要成功的孩子。

当时男孩子们不论学习好坏都喜欢玩军人的游戏，弗洛伊德也和他的同龄男孩一样，被军事冒险所吸引。他最早读的书中有一本是法国作家狄亚尔的《帝国和执行官的历史》。许多年以后，他还记得他如何在木头步兵背上贴上标签，然后在上面写拿破仑手下大将们的名字。拿破仑是他早年心目中的英雄人物，马塞那（拿破仑的大将）和亚历山大大帝也是。他将他们的英勇事迹背得滚瓜烂熟。

弗洛伊德对军事的兴趣持久不衰，四年以后普法战争爆发了，他在桌子上放了一张战场地图，在两军对垒处画上有颜色的旗子。妹妹安娜曾说："我哥哥这么做时，还向我和妹妹罗莎讲述战事的一般情况以及军队一举一动的重要性。"

弗洛伊德经常对他的妹妹们高谈阔论。他是母亲的长子，也处于最受宠爱的地位，所以他在家里享有很多的权利，而他也毫不犹豫地去使用。他的母亲把他看成"似黄金般的西格"，是她心目中的好儿子，而且家里的人也都这样承认。家里很多事情都以他的想法为标准，尤其当他以最高的荣誉从中学毕业以后更是如此。弗洛伊德后来回忆时谈道："如果一个人成为他母亲无可否认的宝贝儿子，那么他一生都会拥有胜利的感觉。对于成功的自信心也一定坚强，很少不能达到真正的成功。"

他的弟弟妹妹越来越多，全家又搬到一幢较大的公寓去，别的孩子睡房里只能点蜡烛，而他却有煤油灯。在妹妹安娜开始学钢琴以后，他埋怨钢琴声太吵，结果也完全顺从了他的意愿。安娜这样写道：“他向妈妈提出抗议，说若不把钢琴搬开，他就要离家出走。结果钢琴果然不见了！”此外，妹妹说哥哥对她的阅读实行绝对管制：“如果他认为我看的书不适合像我这样年纪的女孩子阅读，他便会说：‘安娜，你现在看那本书为时太早！’”

弗洛伊德对他的家庭，尤其是对妹妹的态度，是他相信命运操纵在自我手里的早期征兆。他后来这样写道：“我似乎记得在这整段时期中，我已预感到我的前面有着很多的责任。我在离开中学前写的临别作文中曾明白地表示，希望在有生之年，能对于人类的知识有所贡献。”

立志于自然科学研究

弗洛伊德十六岁时，已经是一个风度翩翩、神采飞扬的美少年了。除了浓黑的头发和晶莹剔透的黑眼珠外，他还有充满自信的表情。他那“蛀书虫”的名声以及与人交往时端庄自持的认真态度，很容易赢得异性的好感。但是他在自传中几乎绝口不谈女人。这不禁使我们相信，这位标榜“性”在精神疾病上具有无比重要性的人，本身对性却没有多大的兴趣。

1872 年 9 月，弗洛伊德回到维也纳以后，花了一年的时间苦读，准备升大学的考试。他选择的科系是法律，主要是因为它能开启通往政界的大门，那是一个犹太人可能发挥影响力的少数场所之一。中产阶级“布格”政府的掌权，使它的前途更被看好。弗洛伊德的父亲曾经将一些显然他很尊敬的布格党人带回家，他们之中包括许多犹太人。对于年轻的弗洛伊德来说，现在似乎每一个犹太学生都有机会得到一个部长的职务。

他想读法律系的另一个原因，是他与漠里克·布伦的同窗之谊（布伦后来成为社会主义的政治家）。他们两个人早已经成为莫逆之交，在布伦的影响下，弗洛伊德打算进入大学后选读法律。

但是，1873 年初弗洛伊德又改变了主意。原因是他听了一次演讲，演讲人朗诵了一小段歌德写的《谈大自然》的诗，这使他下定决心在医学院注册学习。

1873 年 3 月 17 日，弗洛伊德向还没有搬离夫来堡的依弥儿·佛鲁斯透露道：“我要告诉你一个可能是我生命中最重要的消息……但是我还没有做最后的决定。”仅仅六个星期以后，他便下定决心放弃法律。他写信给佛鲁斯道：“我已经决定了，要成为一个自然科学家，因此我在这里撤销以前答应为你进行诉讼的承诺。我将要深入研究古老大自然的奥秘，也许甚至可能窥探她永恒的过程，而且会把我研究的成果分享给任何愿意学习的人。”

从法律转移到自然科学，被后人解释为从管辖人类转移到控制大自然。此外，或许还有别的考虑，比如弗洛伊德家的经济情况足以将“似黄金的西格”引导到需要许多金钱支持的法律界吗？那些一板一眼的法律辩论真的那么吸引人吗？而且即使仕途的滋味吸引了他，法庭真是他最能施展领导才能的地方吗?

当弗洛伊德做最后决定时，一定是认为科学毕竟是帮助他赢得名声的一条路。也许他甚至能像达尔文一样创造出改变世界的理论。事实上，有朝一日，一定要在某一领域有如此的成就，这是他时时刻刻没有放弃过的信念。他最不能忍受的，就是那些不重视他的人的无知。他所希望的，不只是表面的认可，而是毫无保留的认可。在他一生中最怕的是他的工作被人忽视，他的名字被人遗忘；他喜欢跟随他的人，常常给他们奖赏，但是有时候他的抱怨却几乎近于虚假。弗洛伊德从不怀疑天将降大任给他，他那做领袖的外衣似乎是定制的。现在他虽然放弃了经由法庭引至政府机关的路途，还不知道未来的命运是什么，但是他却知道，那必须要付出相当大的代价。

然而，弗洛伊德所决定的只不过是放弃法律选择自然科学，而不是医学。在这一段时间里，他曾经写道："我在那个时候，或者在我往后的日子里，都不曾特别钟情于医生这种工作。"但这位少年后来却成为世界上最著名的医生，这与他最初的想法是不一致的。

上维也纳大学

在进入大学之前必须先通过入学考试。弗洛伊德以极高的分数通过了大学入学考试以后，在1873年秋天进入了维也纳大学医学院，这一步使他有许多选择的余地，因为这个学院不仅培养希望成为医生的人，也同样致力于培养从事研究工作的人。

弗洛伊德有很长一段时间不让自己太固定走哪一条路。他经过了三年不艰难但动荡不定的选课。常人通常只花五年时间就可以毕业，而他却花了八年的时间。当前途看来已很黯淡时，他才集中精神把精力投入到医学上面。他有一次承认道："我在幼年之时，根本不知道如何帮助受苦的人类。"

他的笔记透露出他不停地探索，全神贯注于一些学科，以及研究一些他可以很有收获以至获得成功的东西，这是他和别的同学大不相同的特点。另一个特点是他显然对女人没有兴趣。除此以外，正如他写给西伯史坦的信中所透露的：他是一个反对偶像崇拜的典型少年人，他对于皇帝及其虚饰排场大为不满，藐视既有的宗教。他说，我也许和真正的意大利人一样憎恨教皇、祭司和安息日。他是一个典型的年轻的理想主义者，他偏激的热心经常融于保守主义里。

任何以为他放弃法律和政治的不智之举的想法，很快就消失得无影无踪了。他高中时首度开始了解，一个寄人篱下的民族是怎么样的滋味。现在，在大学里，他发现反对闪族的浪潮更高涨了，但是这情况却给他有用的教训。先前，他叙述道："我已经习惯了别人的反对以及被置于'团结的大多数'限制情况下，我已经有了某种程度的独立判断能力。"

我们不能低估这种一直存在着的种族歧视对弗洛伊德的长期影响。这强化了他对成功的渴望，也强化了他的犹太人特质。但是他在学生时代，很少觉得自己被抑制。

维也纳大学

弗洛伊德花了很多笔墨，告诉西伯史坦他在大学的生活和工作。他经常提到哲学，这门课不是医科学生必修的。弗洛伊德偏好科学的研究。1874 年夏天，他写信给西伯史坦说道："我已经决定了，我父亲也同意，如果环境允许，冬季学期我要去柏林上柏伊斯·雷蒙、海姆豪兹和威尔乔教授的课。我高兴得好像一个小孩子，绝不会轻易放弃这个计划。"弗洛伊德选择两位生理学家和一位病理学家的课，足以显示他思想的转移方向，但是这个计划仍然有缺点。最后，弗洛伊德还是放弃了赴柏林的计划，大概因为环境的关系，也可能是经济上不允许。所以他在第三学期——1874 年冬季，选了一门布兰他诺博士的哲学课。

布兰他诺的课的重要性不能一笔带过。这位哲学家的主要研究工作是“以经验主义的观点看心理学”，这包括两篇冗长的讨论潜意识并反对它存在的论文。弗洛伊德首次开始认真地研究这一门课，以后一连四个学期，他上哲学课都特别注重这个问题。当他和同伴约瑟·帕尼斯深入研究这个主题时，他对布兰他诺教授的尊敬日益增加。

弗洛伊德认真研究哲学，但他研究医学的倾向不但未受影响，反而由于英国之行而加速。他的父母在两年前就提过这趟行程，大概子女通过了大学入学考试，当家长的总会特别安排鼓励一下，这也是一种传统。但是，因为环境的影响，直到1875年，弗洛伊德才到了英国的曼彻斯特。他两个同父异母的哥哥十六年前已移居该地。

我们不知道，他在英国受到的最大影响是否来自他两个同父异母的哥哥，或是曼彻斯特的生活，还是他从未记载的一些特别的事情。总之，他回来以后就决心致力于医学研究。这是他的妹妹安娜后来透露的。她在老年时回忆道：“在英国，西格蒙德想清楚了，他立志回到维也纳后要攻读医学。父亲不满意这个决定，父亲说：‘西格蒙德的心太软，将来不能胜任这个工作。’但是哥哥已经下定决心，他当时打算做研究工作。

维也纳

他的回答是：‘我想要帮助受苦的人们！’”

1875 年，弗洛伊德很高兴地回到了维也纳，迅速开始修改他的秋季学期计划。虽然他继续上布兰他诺教授的哲学课，但却花更多的时间在生理学、解剖学和实用动物学上，他开始在卡尔·克劳斯的比较解剖学研究室上课。克劳斯两年前刚从哥廷根来到维也纳，对未来充满了信心，计划使研究室赶上时代。他在 1876 年 3 月把他想要解决的第一个原始实验交给了弗洛伊德。

两年前，波兰的科学家西蒙·塞尔斯基博士已经宣布了生物学上最古老和最令人困惑的问题答案。弗洛伊德后来写道：“没有人发现过一条成熟的公鳗鱼，尽管许多世纪以来有无数的人在努力，但依然没有人看到过鳗鱼的睾丸。”塞尔斯基博士找到了一个小小的瓣状突起器官，似乎就是那令人难以捉摸的睾丸。而克劳斯要弗洛伊德做的，就是检查那位波兰人的观察结果是否正确。

大部分实验工作，克劳斯是在屈史特成立的动物实验室和弗洛伊德进行的，一共做了两个学期。克劳斯获得基金后，每学期选派优秀学生到他的实验室去，弗洛伊德一连两学期被选派的事实，说明了克劳斯对他的能力极为赏识。

弗洛伊德于 9 月间回到维也纳，带回了他第一篇科学报告的材料，克劳斯于 1877 年 3 月向科学学术会提交了这份报告。弗洛伊德做得非常好，那份报告被人形容为“一直是很自信的，有些地方甚至于自负”，由此证实了塞尔斯基的论点。但是几个月以后，弗洛伊德就离开了克劳斯，以一个研究生身份投入恩斯特·布鲁克的生理学研究室。这个举措不仅对弗洛伊德个人的气运有重要意义，而且对于他从布鲁克的教导中吸取的基本概念也有着重大的影响。

恩斯特·布鲁克对于他年轻学生有着无比深远的影响。他是一个特殊的人，赢得了弗洛伊德的“敬”和“爱”。他身材矮小，有一头红发，长着清澈的蓝眼睛，带着不可思议的微笑。弗洛伊德认为他是自己遇见的最伟大的权威学者。在布鲁克的实验室里，弗洛伊德度过了他生平最快乐的时光。

弗洛伊德从克劳斯转到布鲁克最可能的原因是受了海姆豪兹学派的影响，而布鲁克就是其中极热心的一员。也可能是因为他对研究动物学时不可避免的脏乱起了反感。

不论弗洛伊德转到布鲁克研究室的复杂理由是什么，他绝对不曾后悔过。他后来回忆道：“在恩斯特·布鲁克的生理学研究室里，我终于找到了归宿和全然的满足。我也遇见了值得尊敬和引为典范的人们。”

在布鲁克的研究室里，弗洛伊德见到了约瑟·布劳尔，他被誉为“创造精神分析”的医生。布劳尔比弗洛伊德大十四岁，1871 年就在维也纳开了一个私人诊所，两人见面时布劳尔的事业正如日中天。

弗洛伊德加入时，布鲁克的研究室仍然极为简陋。研究机构设在原制造枪械的建筑物地下室和一楼，里面有一间演讲大厅、两个邻接的小办公室和几间小房间，有些房间甚至没有灯。加热化学药品必须用一个酒精灯，唯一的水源是一口井，每天早晨有专人汲取。布鲁克在环境非常艰苦的情况下开展研究，对维也纳成为医学中心奠定了坚实的基础。在这里，弗洛伊德开始由研究神经细胞入手，再从对神经性疾病的研究进入对神经性官能病的探讨，最后他致力于分析人的思想和意志的工作。

弗洛伊德的第一个工作，是研究八目鳗幼鱼脊髓中的大神经细胞，这是当时由里斯纳发现的。这个研究对生物学有重大意义，因为它和被人争论不已的达尔文《物种起源》中的假设有关联。达尔文的进化论说："高等动物是由低等动物进化而来。"如果达尔文的学说不错，那么神经系统上就可能显示出人类的神经系统虽然有比低等生物更为复杂的构造，但却有相似的基因。

到 1880 年，他将研究的范围延伸到对淡水蟹的神经系统的研究。这项工作使他窥见神经系统解剖上和功能上的单位是单一的细胞加上它的延伸，但是这个发现直到 1884 年才被威汉·华德耶发扬光大。

每个身体健康的奥地利男人都要入军营两次，1880 年弗洛伊德也必须接受一年的义务兵役征招。对于医学院的学生来说，这一年真是索然无味，他们的主要任务是在军医院中值班，下班以后仍可待在家里。可是，由于弗洛伊德连续八次没有请假便外出，在 1880 年 5 月 6 日，也就是他二十四岁生日时，他被宪兵逮捕了。

但在他服役的这一年中，也有一些很得意的事情——他前几年热心跟随布兰他诺做的研究，现在开花结果了。他被委托将英国哲学家兼经济学家约翰·斯图亚特·密尔的著作翻译成德文。

事情是这样的：

维也纳大学的历史系教授西奥德·冈柏正在编辑一套德文

外国名著专集。准备开始第十二卷翻译工作的伊多德·威沙尔突然去世了，冈柏向布兰他诺提起他正在物色一个替代的人。弗洛伊德后来写道：“布兰他诺……提到我的名字。”在1880年秋冬季节，在弗洛伊德厌烦的服役中，至少因为担任一桩学问上的工作，使他在精神上获得了舒缓。他翻译的方法是：读一个段落把书合上，然后考虑一个德国作家应如何表达同一个思想，最后才用德文写下。

弗洛伊德服役期满回到大学后，终于决定要拿下医学学位。虽然他从英国旅行回来后就立志要帮助人类减轻痛苦，但却不见得对当医生有特别的兴趣。事实上，他自己也承认，他以漫不经心的态度去研究医学，曾经做各方面的医学研究，但却没有认真地定下心来好好想一想朝哪一方面发展。他从不怀疑身负重大的使命，但是，他仍然不能确定这个使命到底是什么。

他可以找到许多理由鼓励自己去争取当医生的资格。他崇拜的许多科学家，大多数都得到了医学博士学位，而却不一定都开业行医。此外，他还考虑到他个人的名誉——很多认识他的人都认为他是一个游手好闲的人，而且怀疑他是否能通过大学毕业考试。

但弗洛伊德通过了考试。1881年春天，他在感人的毕业典礼中接受了学士学位。他的家人都出席了。

背景知识

维也纳大学

维也纳大学坐落在奥地利的首都维也纳，始建于公元1365年，是奥地利历史最悠久的大学，也是德语区国家最古老的大学之一，是二十七位诺贝尔奖获得者的母校。它也是奥地利最大的大学，欧洲最大的大学之一。大学有八十多处校舍，分散在维也纳各区。维也纳市立医院——这一世界著名的现代化医院也隶属于维也纳大学。大学的雏形最初在1365年3月12日由公爵鲁道夫四世和他的兄弟阿尔伯莱希特三世及利奥波德三世创建。它是当时神圣罗马帝国的第二所大学，同时也是世界上第二所德语大学（第一所是布拉格大学），最初开办时仿照巴黎大学的模式。1383年维也纳大学经营不佳，由鲁道夫四世的弟弟和阿尔伯莱希特三世捐款，改革校内行政，成为东部德语地区一流的大学。维也纳大学目前拥有八个系，共设一百一十多个专业：动脉学、非洲学、古代史和古代文化学、古犹太哲学和中东考古学、英国语言和文学、美洲学、阿拉伯学、天文学、企业管理、植物学、遗传学、人类生物学、微生物学、生态学、古生物学、动物学、生物学和地球学、生物学和商品学、古希腊学、生物化学、化学、食品化学、德国哲学、地质学、矿物学和结晶学、石油学、营养学、匈牙利语、法语、地理学、经济学、地图学、宇宙研究和宇宙规则、历史、历史和社会学、营养学、信息学、国际企业管理、意大利语、艺术史、数学、医学、地球物理学、气象学、音乐学、教育学、音乐教育、药学、教育学和心理学、物理、政治学、心理学、新闻和传播学、大众传媒、传媒艺术、人文学、统计学、普通语言学、应用语言学、戏剧学、翻译教育、比较文学、国民经济等。

维也纳大学有来自世界各地一百多个国家和地区的约八万七千名学子，这里约有一万名专职教授、客座教授、助理教授以及其他工作人员从事教学和研究活动。大学的教学和研究水平之高，使其成为奥地利最大的高等教育学府，也是世界上最著名、历史最悠久的多元化巨型学府和科学殿堂之一。

维也纳大学拥有严谨和积极进取的学风，曾为世界输送了大量的政界风云人物、科学巨匠和艺术大师。如：

奥地利政治家、前总理和总统伦纳；

前联合国秘书长、奥地利共和国前任总统瓦尔德海姆；

历史学家、奥地利前总理西诺瓦茨；

物理学家多普勒；

遗传学家孟德尔；

精神分析创立人弗洛伊德；

病理、免疫学家、诺贝尔奖奖金获得者兰茨泰纳；

德国生物学家贝尔；

物理学家、诺贝尔奖奖金获得者斯丁格等。

可以毫不夸张地说，维也纳大学是中欧和多瑙河地区繁荣的学术研究中心、欧洲的科学“麦加”，是培养精英和巨匠的摇篮之一。

达尔文

英国生物学家，进化论的主要奠基人。1809 年 2 月 12 日生于英国什鲁斯伯里，1882 年 4 月 19 日卒于英国肯特郡。1831 年毕业于剑桥大学，同年 12 月 27 日参加英国海军贝格尔军舰环绕世界的考察航行，先在南美洲东海岸的巴西、阿根廷等地和西海岸及相邻的岛屿上考察，然后跨太平洋至大洋洲，继而越过印度洋到达南非，再绕好望角经大西洋回到巴西，最后于 1836 年 10 月 2 日返抵英国。

回国后，他在多病的情况下坚持整理了考察中收集的大量资料，陆续发表了有关生物学及地质学的考察报告。这五年的旅行考察促使他思索物种起源的问题。他研究了各方面的大量证据，逐渐认识到，形形色色的物种实际都是由共同祖先进化而来的。他通过植物栽培和家畜驯养的事例，想到进化的原因可能是大自然对生物采取了类似的选择方式——优胜劣汰。他还注意到，生物界中普遍存在着个体差异；适应环境的物种可以滋生繁衍，不适应的则可能灭绝。他又从马尔萨斯的《人口论》中得到启示：每一物种均有巨大的繁殖力，但存活者只占极少数，这说明自然界中存在着剧烈的生存竞争，这种竞争造成大量死亡，从而维持了种群数目的相对稳定。经过多年的探索，他逐渐形成了一个系统的进化思想：生物界本来就存在着个体差异，在生存竞争的压力下，适者生存，不适者被淘汰；物种所保留的有利性状在世代传递过程中逐渐积累，经过性状分异和中间类型消失便形成新物种。

老年时期的达尔文

1859年11月24日他的《物种起源》出版了，书中详细介绍了他二十年来收集到的丰富证据，充分论证了生物的进化，并明确提出自然选择学说来说明进化机理。书出版后迅即售完，在社会上引起极大反响。进化论的出现使生物界的种种现象都得到一个统一的解释：生物的一致性可以用共同祖先来说明；物种的多样性则完全是进化适应的结果。进化论的出现在哲学和社会科学领域中产生了极大影响，它猛烈冲击了当时支配思想领域的神学观念。

第二篇　涉足精神病研究

人生就像弈棋，一步失误，满盘皆输，这是令人悲痛之事；而且人生还不如弈棋，不可能再来一局，也不可能悔棋。

——弗洛伊德

与玛莎订婚

弗洛伊德从医学院刚毕业时，生活和前途并没有什么改变。1881 年 5 月，他在布鲁克研究室里被升为实验员；同时，他开始在卡尔·卢威格的化学研究室里兼职，做气体分析，但是他对今后的生活一直没有规划。他的经济情况很拮据，常要向富裕的朋友们借钱。但他仍然相信，医学研究中有大好机会等待他去攫取，他一定可以发现一种技术或程序的价值，并且要为全世界的利益而把它发扬光大。对别人来说，他是一个乐天、冷静而且有思考力的年轻人，只不过时运尚未来临罢了。

他生命的转折点是1882年的夏天，在完成了早先的小龙虾研究以后，他继续在研究室里做一些例行的工作。弗洛伊德在他简短的自传里有叙述，但是不太完全。他写道："1882年是关键性的一年，我最尊敬的老师纠正了我父亲那种很高尚但不实际的观念；由于我的经济情况不佳，他更极力劝告我放弃理论的追求。我听从了他的劝告，离开了生理学研究室，进入总医院工作。"

弗洛伊德和玛莎·柏纳斯

弗洛伊德故意省略了重要的一点，那就是他已经坠入了爱河。他知道研究工作不可能提供给他足够的结婚费用，于是，他想快速获得必须两三年才能获得的临床经验，以便在医院拥有优厚薪水的职务，或者自己开业行医。

1882年春天，他仍住在家里。每天晚上从研究室回来，只和家人打一声简短的招呼，便回到他那狭长的书房里。后来他干脆搬到医院的宿舍去，周末才回家，一回到家就和陪他一起来的朋友们进入书房。他的大妹妹后来遗憾地说："大家都以为，家里的五个年轻女孩子对于这些年轻人总会有一些吸引力！但是，他们对于娱乐的兴趣似乎比和我们博学的哥哥讨论科学的兴趣更低，竟连正眼都不瞧我们一下就进入他的书房！"

弗洛伊德似乎对妹妹们的朋友也采取同样的态度，但在1882年4月的一个晚上他的反应却出人意料。他回到家里，发现一个年轻女孩子正在削着苹果和家人聊天，他没有直接走进房间，而加入了她们的谈话。

这位访客是玛莎·柏纳斯，二十一岁，德国籍的犹太人，全家于1869年迁到维也纳。她的父亲柏曼·柏纳斯在1879年去世，家里的责任就落在他的儿子艾里身上。艾里成了他两个妹妹——玛莎和明娜的监护人。

弗洛伊德的妻子玛莎·柏纳斯

柏纳斯是一个很有名望的家族，19世纪40年代玛莎的祖父曾经担任过汉堡犹太教会的领袖。柏曼·柏纳斯在世时是一个商人，他的遗孀和子女显然比弗洛伊德家富有。

玛莎·柏纳斯身材纤细，很有自信。她那黑而长的头发紧紧地向后梳，衬出她的瓜子脸。她很善解人意。她内心里虽不赞同弗洛伊德的宗教观和精神分析研究，但却一直很谨慎地保持沉默。她迅速地许身给对她一见钟情的年轻人弗洛伊德。

虽然弗洛伊德对他的妻子一辈子忠诚，但是他们的婚约也曾遭遇暴风雨的侵袭，偶尔也会在他的顽固与不可理喻上触礁。玛莎有仰慕者和自己的朋友，她的未婚夫几乎对那两种人都同样地妒忌。有人以为，弗洛伊德这种态度将会影响到他对艺术家作精神分析时的观点。

他们在相识那年的6月中旬订婚，弗洛伊德一个月以后就到维也纳的总医院工作，在那里度过了三年时间。他经常坐的那张桌子后面的墙上，挂着一块座右铭，是圣奥古斯丁的名言："如果怀疑，就立刻去求证。"在那段时间里，和玛莎结婚是他所有希望和野心的寄托。为了实现这个愿望，他急切地寻找着使他加速爬升的阶梯。

维也纳总医院很适合他这种有雄心的人。它占地二十五英亩，病房里经常有三千名以上的病人，不仅有来自维也纳和奥地利最偏远地方的，甚至有来自亚洲和非洲的。在别的地方可能一辈子难得一见的病例，在这里却是司空见惯。对于一个胸怀大志的医生来说，在欧洲很少有比这里更能使人获得丰富临床经验的地方。

接触精神病理学

在维也纳总医院刚开始的两个月，弗洛伊德在外科病房工作觉得非常累，而且他不喜欢那里的工作——可能因为讨厌看到血，于是就申请当赫曼·诺斯纳格的助手。

弗洛伊德和诺斯纳格见面时，带着他自己出版的报告和医院里精神病学部主任梅纳特教授的介绍信。诺斯纳格看了这些后，对他印象非常好。一个星期后，弗洛伊德就被派到诺斯纳格的部门，待了六个半月，于 1883 年 5 月加入梅纳特的精神医学科，前两个月在男病房，后三个月在女病房。10月，他转入皮肤科，后来又转入神经科，一直待到1885年夏天他离开总医院。

在梅纳特的精神医学科的五个月，是弗洛伊德在总医院中获益最多的一段时间。他的美国翻译家朋友布里尔指出："如果他自己去摸索精神医学，一定会失望。可能早已经回到他原先打算研究的法律上去了。"

约瑟·布劳尔博士（1842—1925）

五个月即将结束时，弗洛伊德去拜访布劳尔说："我应该集中精力成为一个精神病学专家呢，还是应该朝一般医学上谋求发展?"他显然比较喜欢专攻精研，但是他知道那样一来会把自己局限在维也纳；而一般医学的机会就多得多了，能使他早日有能力结婚。布劳尔的意见是要他先不要那么早作决定，而是慢慢考虑真正能吸引他的学科，然后再去专攻，并且要他接受终究必须要做普通医生的事实。

拜访布劳尔后的第二天，弗洛伊德申请转到神经科。1884年元旦终于正式加入。不久，因为有两位医生被派去奥地利边境扑灭霍乱，他便被暂时委任为主治医师，负责管理一百多个病人、两个护士和三位医生。

弗洛伊德曾经写道："那时候，在维也纳的医学界很少有精神医学方面的专家，研究资料和文献分散在医院的各个不同部门里，没有令人满意的学习机会，我们不得不自己摸索前进……远方有沙考医生（巴黎沙比特里尔精神医院的吉恩·马丁·沙考博士）的大名在闪烁，因此我想好了，首先要设法获得在维也纳大学当脑神经病理学讲师的职务，然后再到巴黎去继续深造。”

但是在接触沙考以前，弗洛伊德的兴趣被一个德军春季演习的实验报告所吸引。阿森布兰德博士用可卡因——从古柯树的叶子提炼出来的兴奋剂，来治疗衰竭的士兵。虽然可卡因在南美洲被印第安人普遍使用，但在欧洲却一向被忽略，直到后来才被苏格兰的医师克里斯特生拿去做实验，结果竟使年老的他“比任何人更能走路、跑步和爬山”。阿森布兰德首先认真地试验这种药，发现“巴伐利亚的士兵，因为过度辛劳而疲惫不堪，但是用了可卡因以后，就能精力充沛地参加演习和行军”。

弗洛伊德在《德国医药杂志》上读到了阿森布兰德的研究报告，便下定决心推广这种鲜为人知的药。

在 1884 年元月底以前，他自己证实了阿森布兰德博士的结果。接着开始将可卡因赠给朋友、同事和病人，自己也重复地做实验。

除了做实验外，弗洛伊德同时尽可能地阅读所有关于可卡因的资料。他把结果归纳起来，在 1884 年 7 月发表了一篇报告，叙述可卡因早在原始民族间就开始使用，然后才传到欧洲的历史。接着他讲到可卡因在动物和人类身上的效果和他自己实验的结果。他的结论是：“可卡因可作为兴奋剂使用，它的主要功用是，在一段短时间内可加强体力，并且保存一些力量，以备将来的需要，而且它还具有麻醉效果。”

报告写好以后，他开始准备等待已久的旅行——到温斯柏克去和玛莎会面。他已经整整一年没有见到她了。当他9月初离开维也纳时，脑子里只有如何能早日见到她的念头。

弗洛伊德又继续服用可卡因一年多，没有什么副作用，于是它成为局部性的麻醉药，而且稳定地发展着。但是，慢慢地，人们发现可卡因比其他药剂更容易使人上瘾，而且更具有危险性。无可避免地，反对可卡因的运动出现了。最著名的批评者是尔仁梅耶博士，他在1886年5月说，他很庆幸自己没有推荐可卡因为戒除吗啡的药，后来他形容可卡因是“人类的第三祸害”——第一是酒精，第二是吗啡。于是弗洛伊德受到的攻击越来越多。

1885年9月，弗洛伊德成了大学里的讲师，得到了一笔旅行津贴，可以支付渴望已久去巴黎拜访沙考的路费。并且他决定冒险——在赴法国以前辞去总医院的职务，回国后自己开业行医。

弗洛伊德从维也纳大学的神经学系教授莫里兹·班尼迪克特那里得到了一封给沙考的介绍信。

背景知识

可 卡 因

可卡因，其化学名称为苯甲基芽子碱，是最强的天然中枢兴奋剂。可卡因一般呈白色晶体状，无臭，味苦而麻。

可卡因的原料为“古柯”。古柯为灌木，是美洲大陆的一种传统种植作物。古柯产地的人滥用的是古柯叶和古柯浆，而其他地方滥用的是可卡因。

可卡因

古柯树叶嚼起来虽然是苦的，但为当地的人们所喜爱。他们认为古柯可以使他们增加力量、驱除饥饿、减轻痛苦。因为古柯是一种高热能植物，每100克古柯叶中含热量127.5焦（305卡路里）。当地人称古柯叶为“圣草”或“绿色的金子”。一个时期以来，美洲许多的成年男子习惯于咀嚼古柯叶，以减轻饥饿感和疲劳感。

可卡因对中枢神经系统产生一定的兴奋作用。兴奋初期，滥用者产生快感，感到飘飘欲仙、舒适无比，表现为洋洋得意、十分健谈。用药后的兴奋作用，产生了消除疲劳的感觉。这类兴奋感觉只能维持半个小时左右。随之以后，它对身体的抑制效应便出现了。吸食者为了恢复初期的体验，往往再用第二剂……乃至每十分钟使用一次，以维持“瘾劲”不致衰落。周而复始，剂量越用越大，使用越来越频繁，最后把吸食者带入毁灭的深渊。

小剂量的可卡因能导致心律缓慢。剂量增大后则心律增快，呼吸急促，可出现呕吐、震颤、痉挛、惊厥等现象。如果大剂量使用，则可导致死亡。仅一剂70毫克的纯可卡因，就可以使成年人当场丧命。

师从精神病名医沙考

弗洛伊德离开了维也纳，开始作他一生中最重要的旅行。他首先以六个星期的时间到温斯柏克。这次和他三年前的秘密造访大不相同。这时候的他不再是一个刚刚从医学院毕业的二十六岁不知何去何从的学生了。他已经是维也纳大学的讲师。即使他的天才还没有显露出来，但至少他已经表现出一种成功者的气度。

弗洛伊德在温斯柏克很愉快地和玛莎度过了六个星期。1885 年 10 月 11 日，他向巴黎进发，开始在吉恩·马丁·沙考的门下进修，发展自己的伟大事业。

他在 10 月 13 日抵达法国的首都巴黎，投宿在拉派艾克斯旅社时，发现玛莎的信已经寄来，于是马上回信。他觉得巴黎令人眼花缭乱，很想念玛莎，希望她能陪在自己的身边。他每隔一天写一封信——开始时比较勤快，后来也就疏懒了。

接下去的日子里，他尽力去适应环境，四处找比较便宜的住所，晚上又去戏院看戏，希望法文会有进步。

10 月 19 日，弗洛伊德觉得各方面都准备妥当了，就去沙比特里尔医学院。但是他出门时忘了带班尼迪克特为他写的介绍信，于是决定再等一天才去见沙考。他开始想念维也纳的家，思念着玛莎，而且极端沮丧。他后来写道："除了某些主观和科学上的利益，我对于居留在这里不敢有很高的期望。因此，不要对我过分苛求。"

但在二十四小时之内，事情全都改变了。10 月 20 日，弗洛伊德进入了沙比特里尔医院的大门，开始了四个月改变他前程的生活。

沙比特里尔医院建造于法国路易十三世当政时，最初是乞丐、妓女和疯人的收容所，后来是巴黎最大的妇女救济院。1850 年以后，它容纳了四五千人，但仍然不像一家医院，而极像恐怖的"疯人院"，但是沙考开始改革它。他被聘为复健部的主任医师后，在里面增加了教育和训练单位，以及许多实验室，并设置了癫痫症和歇斯底里症病人的病房。在 1885 年，他把这个机构变成了欧洲最著名的神经病理学研究中心。

弗洛伊德抵达沙比特里尔医院时，医生和门诊病人正在闲谈，他注视着正在为病人看病的沙考第一助手派里・马力，周围还有一群客座医生。10 点钟时，沙考便来了。

沙考有着运动员般的胸膛和牛一般的脖颈，他的相貌令人难忘。他的皮肤很白，胡须刮得很干净，额头很低，眼睛冷静澄澈，鹰钩鼻，敏感性格者的嘴唇，很像一个古罗马帝国的国王。他生气时，眼睛发出稍稍令人觉得可怕的闪电光芒，看过他这种眼神的人绝对忘不了。他的声音带有权威性，语气严厉且经常是辛辣的。

那天早上，看完所有的门诊病人后，沙考叫弗洛伊德走上前来，看了看班尼迪克特介绍信上的签名，邀请弗洛伊德陪他巡视医院。

那天晚上，弗洛伊德写信告诉玛莎说，每件事情都比他预料中的好。派里·马力向他保证，他会得到必需的材料以便开始工作，沙考自己写了一封信给一个同事，要求他供应儿童的脑子，以便弗洛伊德研究他们病发后的萎缩和退化症状。

弗洛伊德还没有到沙比特里尔医院以前，曾考虑是不是应该选择柏林作为研究的地方，因为这样他星期天便可以和玛莎在一起了。但是他很快地就打消了那个念头，那天晚上他回到住处后，就把他的高兴事写信告诉了在温斯柏克的玛莎。

每星期一，弗洛伊德都参加沙考向他的病人所做的公开演讲会；每星期二，他很有兴趣地观察那些被带来给医院助手检查和讨论的门诊病人；每星期三，沙考巡视病房，在他的监督下，弗洛伊德仔细地观察和检查病人，并注意听沙考对他们所做的诊断。

现在，弗洛伊德的兴趣正在改变中。尽管沙比特里尔的每个人都帮助他，但 12 月初他就决定放弃了实验室的工作。事实上，他在翌年的头几个星期里又曾短暂地回到实验室，他在写给玛莎的长信中说："回维也纳时，我要选择解剖的工作。"

弗洛伊德只对沙考的工作观看了一星期左右。他虽然专注于生理学的工作，但逐渐对心理学也产生兴趣。

至此，概括地说，吸引弗洛伊德注意的是神经性病症。精确地说，是歇斯底里症。1885 年时，一般人仍然认为，神经性疾病仅仅是神经系统功能受阻碍的结果。医学家认为，这些病症几乎会以任何征兆表现出来，而这些复杂的征兆不是解剖后就能知道的。大多数的医生极少花时间在这问题上，而且许多人视它为无须深入研究的主题。至于歇斯底里症，有些人仍然承袭了希腊人的看法，以为其原因是子宫的功能失调，基于这种说法，似乎唯有女人才会生这种病。但是，早在17世纪，却尔斯·里波斯就宣布歇斯底里症的成因在脑部，因此男人和女人一样，都可能患上这种病。事实上，歇斯底里症发生在男人身上的情形也不少，而且在18世纪和19世纪，他们的数目还在逐渐增加。

背景知识

歇斯底里症

歇斯底里症又称癔症。由精神刺激或不良暗示引起的一类神经精神障碍。大多发病突然，可出现感觉、运动和自主神经功能紊乱，或短暂的精神异常。患者具有鲜明的情感色彩，检查不能发现相应的器质性改变，在症状的发生和治疗当中，暗示和自我暗示常常起着重要的作用。

歇斯底里早在古希腊时代希罗多德的著作中已有记载。“hysteria”一词，起源于“hystero”，即子宫。当时认为本病与子宫有关，是一种妇女独有的疾病，是由于性的过度刺激或压抑所致。

中世纪时，西欧宗教迷信盛行，当时把本病患者看作是魔鬼附体或女妖。却尔斯·里波斯指出本病的发病机理在脑部而不在子宫。沙可将本病的症状学进一步系统化，指出本病的症状可由催眠引起或消除，并强调遗传体质因素与本病发生有关。让内对歇斯底里的症状作了心理学解释，认为患者的意识障碍是由于心理综合作用的破裂所致，即“心理分离”，将本病的感觉脱失、瘫痪或遗忘等症状解释为由于相应的精神功能从意识中分离出去的结果。

1895年，弗洛伊德与布洛伊尔发表了《癔症的研究》，用性心理被压抑和潜意识的冲动等概念解释癔症的发病机理，并提出了转换性癔症的概念。也就是说，那些为超我所不允许的愿望受到压抑，而这种压抑并不完全成功，于是，那些愿望采取伪装的形式，通过转换或转化而成为症状。症状的性质和发生部位具有象征性意义，使受压抑的愿望得到部分满足，或缓和超我和被压抑愿望之间的情感矛盾。

甘塞尔描述了甘塞尔综合征、假性痴呆和童样痴呆，并把它们和歇斯底里症连在一起。巴甫洛夫学派从高级神经活动病理学观点出发解释本病的发病机理。巴甫洛夫把神经系统分为三个系统：皮质下系统、第一信号系统和第二信号系统，而歇斯底里症患者第二信号系统是弱的，故受其控制的第一信号系统和皮质下系统的活动相对地增强。第一信号系统的机能与具体形象的感知有关，皮质下部位与情绪活动有关，歇斯底里症患者的皮质下系统机能增强，表现为患者情感强烈鲜明，又因第一信号系统处于摆脱抑制状态，因此患者形象性思维突出，且具有生动、丰富的幻想。以上机理可解释歇斯底里症患者的性格特点。

歇斯底里症患者在强烈的精神因素影响下，大脑皮质进入抑制状态，而皮质下出现摆脱抑制，所以在临床上可见情感爆发及痉挛发作现象。如果大脑皮质的抑制过程向皮质以下部位扩散，可产生深度抑制状态，以至“不动”，形成歇斯底里性木僵。大脑皮质容易产生诱导抑制现象，是歇斯底里意识范围缩小的病理基础。歇斯底里症患者的皮质机能较弱，原来的兴奋灶也较弱，因此旧的兴奋灶容易被新的、当前的刺激所抑制，故当前只有新的刺激所产生的兴奋灶在活动，由此可解释歇斯底里症患者为何易于接受暗示性。

中国古代医籍中记载的“脏躁”、“奔豚”、“薄厥”，大多为歇斯底里表现。

沙考不久就发现，歇斯底里症患者的各种症状，可以分类为不同的组别，每一组都有它自己的因果规律，因此可以辨明各个阶段歇斯底里症的症状。

谈到这种病的成因，沙考相信，一次引起心理上损害的偶发意外，可能就是歇斯底里症的触因，而它的发展则是因为大脑里的遗传因子损害引起的。

不论后人对沙考的评价如何，他对歇斯底里症的研究令弗洛伊德深受感动，也引导着弗洛伊德走向他一生中最重要的工作。若无沙考的指导，弗洛伊德日后能否发现精神性疾病与肉体痛楚的关联，就令人怀疑了。

1884 年 12 月中旬，弗洛伊德写信给沙考，把他的法文讲演词翻译为德文。为了证明他德文文体的优美，引述了他以前曾翻译过的英国经济学家约翰 · 斯图亚特 · 密尔的作品。

两天以后，弗洛伊德写信告诉玛莎，沙考不但同意他翻译一卷，甚至将尚未出版的另外一卷论文也交给他进行翻译。他告诉她说：“这是极令人满意的事，这一定会使德国的医生和病人都知道我。我花几个星期的时间，甚至付几百基尔德都是值得的！何况我还有几百基尔德的稿酬呢。”

沙考接受了弗洛伊德的毛遂自荐，并同意他翻译两卷文献后，就把他带进了一个新的社交圈。那是每个星期二的晚上，在沙考的家里，为巴黎各界名流举行的招待会，出席的人都颇有来头。

弗洛伊德是第一次参加这样的招待会，紧张得不行，只好服用可卡因来壮胆。他写信告诉玛莎："我的服饰很整洁，只不过我把那条倒霉的白色领带，换成一条从汉堡买来的漂亮黑色领结。这是我第一次穿燕尾服，我为自己买了一件新衬衫和白色手套，因为旧的手套已经不太好了。我理了发，把我杂乱的胡须修剪成法国式。这一天晚上我花了十四法郎，结果，我的仪表非常好，别人对我的印象很不错。我喝了啤酒和咖啡，抽起烟来也很潇洒，感到非常自在，没有出任何差错。"据他自己说，那晚他曾一度成为大家瞩目的焦点。他骄傲地报告说："这些都是我的成就（或者是可卡因的成就），使我非常满意！"

弗洛伊德在巴黎的时候，几乎一天写一封信给玛莎，很生动地描绘出一个与维也纳截然不同而令人兴奋的都市生活情况，并流露出急切希望受人注意的心情。而且当他发现沙比特里尔医院的来宾都已听说过他的关于可卡因的报告时，感到非常高兴。他的自信心日益增强，并从自信迅速膨胀成自大。他大言不惭地对玛莎说："如果一切顺利的话，我的成就会比诺斯纳吉尔大，我认为我比他优秀！"

不到一个月，弗洛伊德就在回维也纳的路上了。他路过柏林，在亚多佛·贝金斯基的诊所里，继续研究儿童的精神异常症。他对玛莎说："只要他们的脑子没有疾病，这些小家伙实在是很可爱。但是他们一得病，就令人惋惜了。我想我不久后就

19 世纪末的巴黎

可以在儿童医学上谋求发展了。”后来，他又改变了主意。

弗洛伊德回到维也纳以后就把精力集中在沙考的工作上，研究他曾经在沙比特里尔医院目睹的特别景象和它们的应用。他现在已经三十岁了，尽管在维也纳有了一些从医经验，但他目前对精神病学仍只有最起码的接触。乍看之下，他似乎不足以胜任现在所要从事的医务工作，但是事实上并非如此。他所需要的是传统训练的稳定基础，以迎接摆在他面前的漫长岁月。

个人开诊所

弗洛伊德离开维也纳时，是一个初出茅庐的神经病理学学者，迫切希望在沙比特里尔医院学到有关神经系统解剖的全部学问。他回来时，对这方面学科的兴趣或多或少地有所提高，并且在沙考出神入化的教导影响下，他决定集中精力于研究精神问题，尤其是歇斯底里症的问题。他由一个基础精神病学的学生，演变为动力精神病学的提倡者。

弗洛伊德体会到，对歇斯底里症的了解，是开启人类思维谜团的钥匙。他准备在维也纳开办自己的精神病诊所。开业时采取革命性的新态度。但是，他得先为同事们准备一份报告，叙述他在巴黎和柏林的所见所闻。三个星期之后，他就完成了一份十二页的报告。文中，他直言不讳地说在梅纳特门下学习以后，发现已不能在任何德国大学里学到真正的新东西了。紧接着，他强调以梅纳特为代表的德国学派，与沙考领导的法国学派的不同。他说：“我认为，法国的神经病理学派，似乎推陈出新，呈现出特殊的工作模式。此外，他们还为神经病理学揭开了新的曙光。这些都值得德国和奥地利的科学工作者模仿。”

医学博士西格蒙德·弗洛伊德——维也纳大学神经病理学系的讲师，开始执业了，这是1886年4月份的事。他的诊所设在拉瑟斯街 7 号。他宣布开始门诊的第一天，竟然是复活节。那是令人不可思议的开张日子，因为它是一个公定的假日，各行各业和政府机关都不办公，甚至城市里的每个急诊处都没有人值班。一年之中，除了圣诞节之外，这一天是最不适合一个医生开业的。有许多人猜测，他之所以选择这一天或许是因为他极不喜欢天主教教会。

弗洛伊德的前途并不被看好。他的医学技术还不成熟，还不是著名医生，而且也没有什么资本可以帮助他度过营业上的淡季。此外，他浪费了许多时间迂回地进入医学这一行。他曾涉足药剂学、医事技术和小儿科疾病。如果他曾在某些方面显示出聪敏的火花，那也似乎只是昙花一现。虽然他现在专攻神经病理学，一厢情愿地以为可以在维也纳一展所长，可是不久后他却偏重于使用那些令医学界同事不信任以及病人不接受的诊疗方法。

他的犹太人身份对他也有影响。自从 1873 年财政危机以后，反闪族人的情绪不断地滋长着。弗洛伊德开业的前几年，在维也纳以东四十英里的普力斯堡，就发生过反犹太人的暴动。

背景知识

反闪族主义

闪族人，又称闪米特人，是起源于阿拉伯半岛的游牧民族，属于中东印欧人的一个分支。相传诺亚的儿子闪即为其祖先。阿拉伯人、犹太人都是闪米特人。今天生活在中东北非的大部分居民，就是阿拉伯化的古代闪米特人后裔。尽管人口遗传学与历史学上使用“种族”这个字眼有着众多的争议，闪米特这一语族的定义却很明确，包括古代的阿卡德语跟其延伸的两种方言所分化的语言——亚述语和巴比伦语以及现代的阿拉伯语、阿姆哈拉语、亚拉姆语、希伯来语和马耳他语等。因此，所谓的反闪族主义就是反对阿拉伯人和犹太人的主义。其中包括宗教、国家及种族的成分。犹太人在历史上一直受到其他民族的反对。除了群众仇视的情绪之外，反闪族主义更以不公平的立法、驱逐，甚至屠杀的方式出现。

青年弗洛伊德

刚开始，他想先在维也纳开业两个月试试看，如果失败了，可能会移居到美国。他后来回想到和玛莎一起时的情形说：“我们两个人都一无所有，更确切地说，我有一个人口众多而又贫苦的家庭，而玛莎只从她叔父那里继承了三千多块钱的财产……”除了打算移民美国，他还想投奔到英国两位同父异母的哥哥那里，或者搬到奥地利的小镇上去。他对维也纳已没有什么特别的留恋。可是他的想法终归是一时的动议，最后他还是留在了维也纳。几乎没有多少同事能想象得到，这个三十岁雄心勃勃的医生，竟然会在奥地利的首都执业超过半个世纪。

5月份时，弗洛伊德向生理学学会演讲催眠术，他对玛莎严肃地说，月底时他还会在精神治疗同业会以及医学会做同样的演说。他说："现在，维也纳已经战云密布了。"事实上，现在已经有不止一场的战斗在进行了。那些批评弗洛伊德不应提倡催眠术的人，不久又抓住了另外一个把柄。5月底，尔仁梅耶发表了第二篇文章，再度警告使用可卡因的危险，并且对弗洛伊德进行了猛烈的人身攻击。

背景知识

催眠术

催眠术（源自于希腊神话中睡神Hypnos的名字）是运用暗示等手段让受术者进入催眠状态以产生神奇效应的一种方法。

催眠是以人为诱导（如放松、单调刺激、集中注意、想象等）引起的一种特殊的类似睡眠又非睡眠的意识恍惚心理状态。其特点是被催眠者自主判断、自主意愿行动减弱或丧失，感觉、知觉发生歪曲或丧失。在催眠过程中，被催眠者遵从催眠师的暗示或指示，并做出反应。催眠的深度因个体的催眠感受性、催眠师的威信与技巧等差异而不同。催眠时暗示所产生的效应可延续到催眠后的觉醒活动中。

催眠状态也可由药物诱发，分为自我催眠与他人催眠。自我催眠由自我暗示引起；他人催眠在催眠师的影响和暗示下进行，可以使病人唤起被压抑和遗忘的事情，说出病历、病情、内心冲突和紧张。催眠还可以作为一种治疗方法（即催眠疗法）减轻或消除病人的紧张、焦虑、冲突、失眠以及其他的身心疾病。

在中国，“催眠”可以说是历史悠久、源远流长。古代的“祝由术”，宗教中的一些仪式如“跳大神”等都含有催眠的成分，只不过当时多是用来行骗的，或是一种迷信活动。

在欧美，很早就有人倾力研究催眠。记录较早的是18世纪在巴黎，有一位喜欢心理治疗的奥地利医生麦斯麦尔的“催眠”。他能够通过一套复杂的方法，应用“动物磁力”治疗病人，其中包括能使病人躺在手臂上面。并用神秘的动物磁气说来解释催眠机理，按现代理解那就是一种暗示力。据传法国政府准备出很多钱购买他的治疗方法，但他都不肯。后来，一位苏格兰医生布雷德对该现象发生了兴趣，发现该现象能够给手术病人引起麻醉，于19世纪提出“催眠”一词，并对催眠现象作了科学的解释，认为是治疗者所引起的一种被动的、类睡眠状态，并借用希腊文“hypnos”（即睡眠的意思）一词改为“hypnosis”（催眠），使得催眠术得到一定应用，至今一直沿用这一术语。后来，苏联生物科学家巴甫洛夫带领一班人多年系统深入研究，催眠有了长足的发展，催眠真正成为一门有理有用的应用科学。现在，在很多国家有名望的大学、医院里，都设有催眠研究室，并积极开展把催眠应用于医学、教学、产业等领域的可行性研究。

弗洛伊德很快发现，招来众多敌人的最主要原因，是他赞成使用催眠术。在刚回到维也纳时，梅纳特曾应允弗洛伊德使用自己诊所里的设备。但是当梅纳特知道弗洛伊德将继续使用催眠术时，就变了卦，并直截了当地表示不再欢迎弗洛伊德。

弗洛伊德就在这种不被理解、心神不安的气氛下，开始一步步建立他的事业。最初的几个月——我们现在所知道的情形，是来自他寄给在温斯柏克的玛莎的书信——正如我们想象的，他有各式各样的病人，但绝不是每个人都有他特别感兴趣的精神病。不过，至少在秋季时，他的兴趣都集中在歇斯底里症的治疗上。他在1886年10月13日写信给卡尔·库勒说："如果你想要送我一个我急需的东西，我希望是一台视野测定器。因为对一个以研究歇斯底里症为主的医生来说，如果没有视野测定器，我们就不能放手工作了。"

尽管他专注于这一方面，但也非常高兴有更多的普通病人。因为，如果他的精神病研究尤其是歇斯底里症的工作不能收到预期效果，他还可以从普通病人那里获得生活保障。

有时候，候诊室里坐满了病人，不过他曾向玛莎诉苦说："大部分人都付不起钱。"有些时候，他显然拮据得狼狈不堪。他写道："我正在这里一分一文地计算时，又被请到遥远区域去为一个熟人看病，当然是没有报酬的，我光是走路就花了两个小时，因为我没有钱坐车。今天也是一样，当我回到家，看到有人留下一张字条，要我赶去急诊，当然，我必须搭车去。这样一来一往我一连三天节省下的晚餐钱就报销了。"但是在给卡尔·库勒的信中，他却描述出截然不同的乐观景象："无论如何，事情比我原来想象的要好得多，我不想推测到底这是布劳尔之助，还是沾了沙考的光，或者因为我自己是一个杰出的人。我在三个半月中赚了一千一百块钱。我想，如果情况继续好下去，我就可以结婚了。"

就在这时候，玛莎又得到了另一份遗产。因此，他们两人有勇气定下结婚的日子了，并决定在德国举行婚礼。弗洛伊德本来打算，只要公证的仪式就够了，但是玛莎提醒他说："虽然在德国举行一个简单的仪式就过得去，但是奥地利法律规定，必须举行宗教式的婚礼。如果我们不这么做，回到维也纳定居时，政府是不会承认我们已经结过婚的。"

弗洛伊德对宗教仪式深恶痛绝，但是后来却被新娘的舅舅伊利亚斯强迫，进行了犹太人的正统婚礼仪式。

弗洛伊德和玛莎·柏纳斯相恋四年，他们忍受了四年分离的痛苦，终于迎来了洞房花烛夜。公证的仪式于1886年9月13日在温斯柏克的市政厅举行，第二天是宗教结婚仪式，弗洛伊德依照古希伯来的新郎规矩行礼，然后新婚夫妇去度了两个星期的蜜月。

这对年轻的夫妇，在新婚生活的最初几个星期里，不得不面对许多问题。其中之一是缺少金钱，而弗洛伊德在新居第一天执业时，没有足够的椅子给病人坐，玛莎只得到地下室向邻居去借。

弗洛伊德和玛莎

毫无疑问，他们夫妻生活得很快乐，但是仍有一些小问题，其中一件就是弗洛伊德不喜欢某些犹太人的规矩。玛莎的一个亲戚后来写道："我记得很清楚，玛莎告诉我说，弗洛伊德在他们婚后的第一个星期五晚上，不许她点燃安息日的灯，这是她一生中颇感懊恼的事情。”

他们的婚姻可以印证一句话：成功的男人背后，总有一个女人在支持他。身为女主人，她完全依照他的职业要求来理家，她对于精神分析所持的态度是，忠诚地隐藏住她的怀疑，只是轻描淡写地对一个访客发出无关痛痒的牢骚。她说：“你真的相信一个人可以用精神分析对待小孩子吗？我不得不承认，如果我不知道我的丈夫对于他的研究如此认真和执着，我就会认为精神分析是一种淫秽的东西！”她建立起他非常喜欢的家庭，并默默地做一个顺从的妻子。弗洛伊德晚年时，仍认为那是任何一个成功的妇女命中注定的角色。

同年10月15日，弗洛伊德向一群听众包括维也纳杰出的神经病学专家发表了《论男性的歇斯底里症》的演说。这时候，关于歇斯底里症的争论，主要集中在“心态的来源”方面。这个观念已经为许多英国医生所接受，也受到了沙考的支持，但在德国和奥地利却被人议论纷纷。弗洛伊德特意选择这个时机来宣读他的论文。

他开始叙述他在巴黎的求学经验，接着详述一个歇斯底里症的病例：一个病人从建筑物的脚手架上摔下后，有一只手臂麻痹了。后来被弗洛伊德证实，这个受伤很重的男性歇斯底里症患者，是由于精神上的打击而麻痹的，而非身体上的伤害。

弗洛伊德说：“这次大家都为我鼓掌，但是没有进一步的兴趣……不久以后，我被排除于脑解剖的实验室外，没有人再邀请我去演讲。从此我退出了学术界圈子，不再加入知识分子的集团，长达二十年之久。”

恩斯特·钟士以很礼貌的词句说明弗洛伊德演讲的某些地

方给人含糊不清的印象，而弗洛伊德宣读他的论文后不到三个月（即翌年2月16日）就有七位地位崇高的会员推荐他加入学会。1887年3月18日，他当选为会员，直到五十多年后他离开维也纳到英国，一直没有退出。

维也纳人对弗洛伊德不太关心，他们已经知道，他大胆地坚持自己是对的，但是他们对歇斯底里症的研究尚存观望心理。此外，由于一位法国心理学家和神经病理学家派里·珍尼特的成名，使弗洛伊德终其一生都在和他打游击战。弗洛伊德于19世纪末发表研究报告以后，两人就展开关于学术地位的激烈辩论，两人彼此指责对方抄袭剽窃。弗洛伊德晚年的故事里对此比较介意，两个人到死都相信自己是无辜的。很可能两个人所说的都正确。

当弗洛伊德的事业尚在初创阶段时，在这冷漠的环境中，对他帮助最大、影响最深的是他结交的一位忠实朋友。这个人是弗莱斯，一位年轻的柏林医生。经由布鲁尔的推介，弗莱斯开始去听弗洛伊德偶尔在大学里做的演讲，而后两个人在1887年11月首次见面。不久就开始通信，以后两人一共写了几百封信，由这些信中我们可以知道早期心理分析运动成立的经过。

弗洛伊德和弗莱斯的感情联系，至少有一个完全合理的解释。他们首次见面后不久，彼此都知道对方正在研究一种容易引起争论的新观念，而且两个人都是犹太人，因此觉得不会被对方嘲笑。他们俩开诚布公地交换研究问题、假设、怀疑和希望，真是最自然不过！他们如潺潺流水般的通信，显示出两个人彼此互助的友谊。弗洛伊德承认："我的朋友比我更有远见。"

除此之外，弗洛伊德在奋力发展事业和钻研人类思维的运

弗洛伊德（左）和弗莱斯（右）

作时，也极需弗莱斯的精神支持。在弗洛伊德开业的头十年，他开始缓慢而稳健地以引起争论和冒医学界之大不韪的方法，来医治日渐增加的病人，最需要的是别人的了解、鼓舞和支持，而这些，弗莱斯都毫不吝惜地给了他。

弗洛伊德开业的最早期，医治精神病时所使用的方法，与其说是引起争论的，倒不如说是非传统性的。方法之一的电疗法，是威汉·耳勃提出的。他是德国人，他使神经病理学成为一种专门的学问。耳勃为病人治疗时，把电极放在病人身体的各部分，用轻微的电流使病人产生发麻的感觉或肌肉的痉挛。另外一种电疗的方法叫作威尔米契系统，包括在床上休息、隔绝、按摩和电疗，完全以严格规定的方法进行。

1887 年快结束时，弗洛伊德沉醉于催眠术。但是，他并没有完全放弃威尔米契系统。偶尔，他两者并用，以辅助心理治疗的不足。他解释说："这样对我有好处，一方面可以避免在心理治疗中病人以为我乱出花样而产生不良印象；另一方面免除了平躺式治疗的烦闷，使病人不致陷入白日梦的习惯中，这是屡屡可见的事实。”

弗洛伊德最初所使用的催眠术，是模仿沙考的。他使一个病人昏迷，然后向他表示：当你恢复到正常知觉时，某些症状就会消失。但是，不久以后弗洛伊德又使用另外一种截然不同的方法——他要求病人回忆症状是在何时首次出现的。

这种方法源于19世纪80年代初期，由布劳尔主治的一个病例。他们师承的关系是如此直接，以致许多年后，弗洛伊德在美国的克勒克大学演讲时曾开门见山地宣布：“如果以出现症状时的详细情景心理分析为一项成就，那么这份成就并不属于我，因为在它草创之初，我并没有参与。那时（在1880年至1882年）另一位维也纳的医生约瑟·布劳尔博士就在一个患歇斯底里症的女孩子身上使用这种方法。而我当时只不过是一个学生，正在准备毕业考试而已。”

“安娜”病例的治疗

弗洛伊德在美国克勒克大学所引述的布劳尔的病人，是“安娜”，她的真名是芭莎·帕朋汉。如果弗洛伊德对布劳尔过分褒奖，无疑“安娜”就是指引他走向以后道路的里程碑。布劳尔也说过，他对于“安娜”的治疗，已经变成了“整个心理分析的酵母菌”。

芭莎·帕朋汉是维也纳一位犹太富商的女儿，弗洛伊德的岳父认识她。她二十多岁时，患了许多奇特的神经官能症，由布劳尔治疗。她痊愈以后，在犹太人之间致力于社会工作，足迹遍及整个欧洲，终身未嫁，1936 年逝世，时年七十七岁。

病人芭莎·帕朋汉女士

背景知识

神经官能症

神经官能症又名神经症或精神神经症。它是一组精神障碍的总称，包括神经衰弱、强迫症、焦虑症、恐惧症、躯体形式障碍等等。《中国精神障碍分类与诊断标准第三版》（CCMD－III）中对神经症的描述性定义为：“神经症是一组主要表现为焦虑、抑郁、恐惧、强迫、疑病症状或神经衰弱症状的精神障碍。本障碍有一定人格基础，起病常受心理社会（环境）因素影响。症状没有可证实的器质性病变作基础，与病人的现实处境不相称，但病人对存在的症状感到痛苦和无能为力，自知力完整或基本完整，病程多迁延。各种神经症性症状或其组合可见于感染、中毒、内脏、内分泌或代谢和脑器质性疾病，称神经症样综合征。”

由于各国学者理解神经症病因学观点不一致，多年来对本症的命名、概念、分类等争议较多。1980年美国精神病学会在精神病分类中删除了神经症。我国学者仍认为神经症是一客观存在的临床实体，在CCMD－III中将神经症分为六个亚型：焦虑症、恐惧症、神经衰弱、躯体形式障碍、强迫症、其他或待分类的神经症。

其共同点是：①起病常与素质和心理社会因素有关；②存在一定的人格基础，常常自感难以控制本应可以控制的意识或行为；③症状没有相应的器质性基础；④社会功能相对完好，一般意识清楚，与现实接触良好，人格完整，无严重的行为紊乱；⑤一般没有明显或较长的精神症状，病程较长，自知力完整，要求治疗。

神经症是常见病，患病率相当高。世界卫生组织根据各国和调查资料推算：人口中的5%—8%有神经症或人格障碍，是重性精神病的五倍。西方国家的患病率100‰—200‰，我国为13‰—22‰。

这个病例很曲折。1880年，芭莎在侍候她病危的父亲时，手脚突然麻痹，眼睛斜视，视线严重受阻，不能吃东西，不断咳嗽，又显示出双重性格的征兆——一种是正常的，另外一种是惹人厌烦的小孩子脾气。布劳尔写道：“她的情绪变化很快，导致过度而短暂的精神兴奋，有时候严重地焦虑，顽固地反对医生们为她所做的各种治疗与努力。”

一般内科医生们认为：许多疾病都是由于聚集在大肠里的废物，使血中含毒而引起的，而治疗的常用方法是用泻药灌肠。布劳尔以为，治愈“安娜”要把困扰她记忆的东西排除于脑海之外。因此，“灌肠”这个名词就被精神医疗者堂皇地从普通医生处借用来了。

芭莎的疾病经历了四个阶段，而布劳尔在1882年6月停止了对她的治疗，也停止了诊疗报告，这与十三年后的追述有些出入。早先的报告比较着重于这个女孩子在家庭中所遭遇的困难，主要是和母亲及兄弟之间的不和，另外还叙述了许多由“谈话治疗”所除去的各种神经官能症的细节。但是两份报告都没有充分说明病人疾病的本质。爱伦伯格博士可能说得最为中肯，他认为，她的病例类似于19世纪初期的“磁性病”，有无数人患了那一种神秘的病，包括梦游症、沉重的昏睡病和癫痫。他写道：“这种病是由于病人神话式的无知觉，再加上精神治疗者的无知鼓励搅和而成的……‘安娜’是一个不满足的年轻女人，她找不到身体上和精神上的发泄处，为追求理想的无望而挣扎。”

此外，现在有足够的事实，来评估所谓“治愈了”的矛盾报告。布劳尔在1882年6月停止治疗前的报告中说：“病人已经不再有以前所显现的那些干扰了。此后，她外出旅行了一阵子。但是，她却经过了相当长的时间，才完全恢复精神上的平衡。从那时开始，她享受到完全的健康。”

中断治疗一年以后，布劳尔坦白地对弗洛伊德说：“她当时心理很失常，我真希望她死去，以便从痛苦中解脱出来。不料，她的病情已渐渐有了改善，而且不再依赖吗啡了。”几年后，玛莎说："'安娜'有时来我这里，我发现她白天时很健康正常，但是晚上仍会有幻觉。"

从芭莎·帕朋汉后来成为一个社会工作者的记录来判断，那时她的情形一定已获得了相当的改善，至少不再带给她烦恼。但是她的痊愈看起来似乎和布劳尔的治疗没有什么直接的关系。不过弗洛伊德的观察有些矛盾，而且他的观察报告之一令人感觉他对女人根深蒂固的维多利亚态度多于对治疗的判断。他说："尽管她恢复了正常，但在某方面，她仍与正常生活隔绝。她虽然很健康，做事也很敏捷，但她总是规避一个正常女人的生活轨道。"他所指的，是她终生未嫁。

无论如何，"安娜"暧昧不明的记录，并未影响他在心理分析历史上的重要性。弗洛伊德敏感地觉得，布劳尔在几个病例里停止使用催眠术，意味着在治疗上将有重要的突破。

由于像"安娜"这样的病人会花去医生太多的时间，布劳尔决定不收这种病人了。就这样，弗洛伊德行医的头几年，布劳尔源源不断地把他认为太严重的和病症持续太久的病人转送给弗洛伊德。虽然弗洛伊德可以拒绝接受，但他却很少回绝，因为他的经济情况实在太差了！有一次，他把自己的金表送到当铺去，甚至有人传说，如果不是他的小姨明娜帮助，他送给太太玛莎的结婚礼物——一只金表，也会遭受同样的命运。

弗洛伊德开始治疗这些病人时，第一个工作就是研究"安娜"的病例是不是一个特例。他后来写道："在与布劳尔不间断的合作中，我仔细观察了相当多的歇斯底里症病人，从这个观点去研究他们。"

有一段时间，他继续使用催眠术诱导病人说出在正常清醒时不能回忆起的往事。1889 年夏天，他特地到南锡旅行，向欧洲首席的催眠师柏汉及赖毕优特学习新方法。他甚至劝服一个病人一同去，但没有获得任何根治她的方法，柏汉也失败了。

柏汉坦白地承认，这种催眠术在公立医院中进行得很成功，但对私人诊所中的病人不大管用。

他的这番话意义重大。他实际上等于是在说：医院中的病人，大多比较穷苦或很少受教育，他们要比教育程度较高而富有的私人诊所中的病人容易受催眠。但是，如果真是如此，这就加强了弗洛伊德的臆测——可能有一种比在催眠下不断反复暗示更有效的方法，来诱导一个病人回触到深埋在心中已久的精神事件中。他沉思自问："一个病人在正常清醒的状态下，是否可能忆起遗忘已久的事件呢?"

弗洛伊德把这个想法牢记在心，回维也纳时，和柏汉及赖毕优特路经巴黎，在那里参加了由沙考担任主席的生理性心理学大会和第一届国际实验治疗催眠大会。

虽然弗洛伊德不完全同意催眠术，但他仍然使用它。因为他认为那是唯一实际的方法。直到 19 世纪 80 年代末，他仍然用催眠做治疗的暗示，而不直接问及病源。

他现在已经处于伟大事业的边缘。但是，这位革命性的心理学新派创造者，仍然有着别的医学兴趣。他还是一位努力奋斗的犹太医生，要支持逐渐庞大的家计，名誉和财富似乎仍离他很遥远。但几年以后，弗洛伊德这个人就要引起轩然大波了，使得他和皇家医学会的意见相左。不过，在他看起来那似乎算不得一回事。

《论失语症》的发表

弗洛伊德还没有放弃对解剖人脑的兴趣，在这方面他已经成为公认的专家了。在研究歇斯底里症问题的同时，他仍然进行着人脑解剖，以享受表现权威的快乐和财务安全的保障。

19 世纪 80 年代，医生们认为“失语症”（包括身不由己的口齿不清，和不能了解别人语言的复杂神经失常）是某些脑叶受到损害造成的。但是这种生吞活剥的解释，并不能说明疾病的各种不同症状。在《论失语症》一书中，弗洛伊德从一个新的角度去探索，对许多不同的症状提出了功能性的解释。

背景知识

失语症

失语症是指由于神经中枢病损导致抽象信号思维障碍，而丧失口语、文字的表达和领悟能力的临床症候群。失语症不包括由于意识障碍和普通的智力减退造成的语言症状，也不包括听觉、视觉、书写、发音等感觉和运动器官损害引起的语言、阅读和书写障碍。因先天或幼年疾病引致学习困难，造成的语言机能缺陷也不属失语症范畴。

言语功能受一侧大脑半球支配，称为优势半球。除少数人外，绝大多数人的优势半球位于左侧大脑皮质及其连接纤维。优势半球受损常可发生失语症。优势半球不同特定部位受损，可出现不同类型的失语症：第三额回后部是口语的中枢，受损时丧失口语表达能力，即运动性失语症；第一颞横回后部是听语中枢，损害时出现对别人的语言不能理解之现象，即感觉性失语症；第三额回后部是书写中枢，病变时无法用文字书写来表达，是失写症；角回为阅读中枢，受损时读不出文字的字音及不知其意义，是失读症；第一颞回与角回之间区域是物体的命名中枢，病损时讲不出所见的人、物名称，是命名性失语症。引起失语症的疾病以脑血管疾病最为多见，其次为脑部炎症、外伤、变性等。

完全性失语时，患者完全不能用评议表达思维活动，甚至个别的字、词、音节都不能发出。多数患者为不完全性运动性失语，患者能发出个别的语音，但不能由语音构成词句，也不能将语言排列成必要的次序，以致这些评议杂乱无章，不能令人理解。有的患者可能保存下来最熟悉的一个单字、词或句子的片断及通常的感叹词，如“不”、“好”、“吃”、“坐”、“就是”、“再见”等。但患者无论如何努力也只能说出保留下来的简单词句。由于语言共济运动无障碍，患者说出词句仍有相当抑扬，密切接触者根据其语调可能理解患者表达的意思。更轻的患者往往仍有相当丰富的词汇保持不变，但由于丧失对虚词和冠词的应用，说话只能用几个主要词汇来表达，构成电报式语言。语言重复症也很多见，一个词或音节说出后，强制地、自动地重复，不自主地进入下次语言产生的过程。

玛莎·弗洛伊德和女儿苏菲摄于1895年

《论失语症》于1891年出版，大约有十年没有医学杂志理会它。但是，能出版就代表有进步。那年初，弗洛伊德三十五岁生日时，他父亲雅各伯在家里的《圣经》上写了一段话来纪念他儿子的成功。

然而弗洛伊德的经济情况仍然不稳定，他虽然不再像执业初期时那样贫穷，但为了摆出一个成功医生的排场，他常要多处筹钱。他很感激同事们的经济支援，尤其感到不好意思的是没钱还给布劳尔。

他一直为钱烦恼的理由之一是家中人口不断地增加。他的大女儿玛西黛生于1887年，接着1889年马丁也出生了。两年以后奥利佛诞生了，次年又生下恩斯特。接下去又有两个小孩：1893年生下苏菲，小女安娜生于1895年。这使他家的开销日益增多。

家里逐渐变得拥挤不堪。1891年，他大胆地搬了家，这个改变一半出于计划，一半也是冒险。他和玛莎首先列出必须具备的条件，他们所需房间的数目、接待病人的理想环境以及要接近学校，然后他们开始去找。起初，一直没找到。

有一天，弗洛伊德雇了一辆马车去看病人。下午诊疗后，开始在城中心漫无目标地散步。无意间他发现自己站在一栋建筑物的外面，那里有一幢公寓要出租。他突然觉得那屋子对他有一股巨大的吸引力，随即进去，看了后认为它很适合他家的需要，立即签下了租约。

回到家，他告诉太太已经找到他们理想的新居，位于柏格街 19 号，并且当天晚上就领她去看。玛莎显然很震惊，因为房子附近住的都是贫民，楼梯是石造的，又暗又陡，房间又不够多。但她没有抗议，她知道，她丈夫不但已签了租约，而且整个心都放在那幢房子上了。弗洛伊德会选择那儿的原因非常有趣：柏格街 19 号是弗洛伊德的同学维克多·阿德勒以前住的地方，他们曾彼此争吵，后来阿德勒成为社会民主党的领袖，而阿德勒的姐夫布龙是弗洛伊德的朋友，大学时也住过那里。

弗洛伊德一家人很快地搬了进去。起初他们只住一幢公寓，但是一年多以后，另外又有三间房子空出来，弗洛伊德就租下

1898 年摄于柏格斯街 19 号。后排：（左）马丁，（右）弗洛伊德；中坐者，左至右：奥利佛、玛莎、明娜·柏纳斯；前排：苏菲、安娜和恩斯特

它们，作为心理治疗室。

小女儿安娜出生后不久，玛莎的妹妹明娜搬来和他们同住。本来只打算住几个月，但一住就住了四十多年。弗洛伊德的侄女朱迪斯写道：“虽然她从来没有负起指挥六个小孩子的大家庭的责任，但她和玛莎伯母一直维持着和谐的气氛，发号施令，使家里显得井井有条。家里的采购由她们两姐妹合办，她们总会先仔细地磋商。”这幢大楼里也一度住了弗洛伊德的妹妹罗莎，1908 年她搬走以后，弗洛伊德就接着租下她的公寓。

这个家接近大学和总医院，弗洛伊德从 1891 年到 1938 年一直住在这里。从那时开始，他提倡了一个运动，并且领导着它，这使他成为 20 世纪最引人争论的人物。

第三篇　开拓精神分析理论

在人的潜意识里，人的性欲一直是处于压抑的状态，社会的道德文明规则使人的本能欲望时刻处于理性的控制之中。

——弗洛伊德

《歇斯底里的研究》出版

搬进柏格街 19 号的头十年，是弗洛伊德一生中最重要的一段岁月。开始时，他的研究工作和行医生涯可以撑下去，但是并不稳定。《论失语症》一书并没有得到它应受到的重视。他开始在同行中得到名声，是因为他使用催眠术。许多医学界人士都对他抱着不信任的态度。

十年以后，人们终于恍然大悟，承认他发明了一种治疗精神异常的新方法。在医药界里，他正开始获得一席之地。但他自己并不满意，认为还没有人真正赏识他的工作，只有期望于未来让他的接班人来收获他的果实了！

20 世纪初，弗洛伊德准备披挂上阵了。

前途的改观与进步，不是由于财富，而是由于他孜孜不倦靠潜意识之助去采访人类思维。他宣称，这种技巧可以改善或可以除去精神病的症状，这与五十年以后，以放射线来治疗癌症的情形非常相似。潜意识本身并不是新的东西，但是把它用来当作治疗工具却是一项新发明。它由布劳尔在不经意中发现，后来由弗洛伊德推广用来治疗精神病。后来，这种治疗工具得到了推广，人们不仅知道了它可用于治疗精神病人，而且也认识到了它在日常生活上的功能，更懂得了它是文学和艺术上的创作源泉。

虽然潜意识的历史渊源很远，但是在弗洛伊德以前，从来没有人斩钉截铁地宣布过。所以那是个未被探索过的领域，人类想要把他们希望忽略的记忆摒弃，可是在许多情形下，那些被摒弃的记忆会转化浮现，而成为歇斯底里症的烙印，进入梦中或者进入后来被称为“弗洛伊德式的失误”的日常生活里。而且最重要的是，把这些记忆从潜意识拉到意识里，可能获得重大的治疗效应。

刚开始时，相信这一套说法的人寥寥无几。弗洛伊德在 1894 年写信给弗莱斯说：“我在这里相当孤单地解决神经性问题，大家都认为我不过是一个偏执狂，而直觉却告诉我，我已经触摸到了大自然中一个最大的奥秘。”

为了引发病人的潜意识，弗洛伊德使用了一个奇特的方法：他把手放在病人的额头，或两手扶住他的脸，说道：“我要你在我手的压力下思想，我放松压力时，你会看见你面前有东西，或者有东西进入你的脑子里，你要抓住它，它将是我们要找寻的东西。好了，你曾经看见什么，或者你想到了什么？”

弗洛伊德解释道：“‘压力技术’的好处，是它能够分散病人的注意力，使病人离开意识上的追寻和反映，简单地说就是使病人离开可以用意志支配的任何事情。”

几年以后弗洛伊德写道：“我放弃了催眠术，在治疗的过程中，只要求病人躺在沙发上，我坐在他后面看着他，却不让他看见我。”

后来这种看着病人，却不让病人看的方法，引起许多人无谓的猜疑。弗洛伊德解释说：如果面对面地进行，那么无论倾听病人的分析者是多么不苟言笑，他的态度和对病人所透露的事情的反应，仍会被察觉，如此一来可能影响到病人的心理。

在19世纪90年代初期，他继续不断地研究探索新技术。虽然弗洛伊德渐渐放弃了催眠术，却没有人知道他推出“压力技术”和“自由联想”的确切时间。

弗洛伊德对病人说：“你把经过你脑海的所有东西说出来，就好像你坐在火车的窗口，向坐在你后面的人描述你所看见的窗外景色的变化一样。最后，千万不要忘记，你已经答应要绝对地诚实，更不要因为说出来不舒服而闷着不讲！”

不久弗洛伊德发觉，分析与解释病人吐露出来的心声是件复杂而困难的事，另外有些问题更是不可避免的：第一点，病人似乎天生反抗，不愿把潜意识提升到意识中。不过也会随病人而异，但是几乎每个病人都有这个现象，这种反抗显然会使医生的工作更加困难。但是弗洛伊德发现，反抗最强烈的主题经常是最关键性的。因此，只要发掘了反抗的症结，就可以找到根本的线索，了解产生这种疾病的原因。

这时，有一种叫作“移转”的过程形成了。弗洛伊德注意到，他的许多病人在施行“自由联想”后，开始毫不忌讳地说话，也不再将他看成医生，而像是在对自己的父亲或母亲说话。换句话说，他们把反映他们早年与其父母关系的感觉与思想，转移到分析者身上。虽然，“移转”是另一种复杂的因素，但弗洛伊德终于发现它和“反抗”一样，经常有助于探索到不能回忆的过去。事实上，他最后相信在“移转”的领域里必须有各式各样的冲突。

许多年以后，弗洛伊德谈到精神分析治疗的远景时，叙述他的治疗是由两部分构成——先是医生开导告诉病人怎么做，然后由病人照他听到的去做。我们给病人意识上的预期观念（他可望找到的观念），然后由他依照与那预期观念相似的基础，在他自己身上找到被压抑的潜意识观念。

1893 年 1 月，弗洛伊德和布劳尔在《精神病中央公报》上共同发表了《论歇斯底里现象的精神结构：初步的交流》。这篇文章的两位作者已经能够以一种新方法来研究许多歇斯底里症的病例。而且发现，病因并不是一种明显可以识别的精神创伤，而是已经全然被遗忘的事情。这篇报告首次使用“被压抑”这个字眼，表示病人希望忘记不愉快的记忆，而把它推到潜意识里去。只要把那些被压抑的记忆带到意识里，就可以除去歇斯底里症的症状。

那篇报告传布到奥地利、德国和法国。但是，就像许多弗洛伊德的早期出版物一样，最友善的评论都是来自英国。在《脑》的医学期刊里，著名的英国医生迈可·克拉克以长篇文章讨论歇斯底里症和神经衰弱，以及布劳尔和弗洛伊德如何强调必须在病人脑中唤起首次出现的歇斯底里症症状的记忆时机。

《初步的交流》发表两年后，《歇斯底里的研究》一书问世了，它汇集了布劳尔和弗洛伊德共同工作的文章，并且正式把精神分析介绍给世人。这本书的第一章是《初步的交流》，接下去是五篇病例历史，布劳尔写的“安娜”是第一篇，另外四篇是弗洛伊德写的。然后六章是布劳尔写的歇斯底里症的理论，结尾是弗洛伊德写的歇斯底里症的精神治疗。

后来，弗洛伊德和布劳尔分手了。分歧的理由是，他们的性格和他们各自在医学界的权威地位不同。布劳尔是已颇有名声的执业医生，他相信，如果他继续追求弗洛伊德的理论，可能会使病人不相信他。集中精力于歇斯底里症的弗洛伊德则深信，他终于走上了将使他成名的路途，因此不顾这种警告。事实上，他已经“触摸到大自然的一个最大奥秘”。

在当时，布劳尔和弗洛伊德对于他们要宣布的新方法都采取审慎的态度。他们一直主张而且要清晰地说明的是：一些病人身体上的症状、所回忆的事情及他们对事情的反应，都被意识所不知道的动机所支配。这种说法是精神分析的基础，长久以来被毫无疑问地接受，虽然“性”因素的重要性已经被提出，然而在《歇斯底里的研究》一书中所叙述的病人的典型性质普遍化却时常被人攻击。无论如何，许多改变世界的理论起初总是不受人重视，也很少有人支持的。

《歇斯底里的研究》一书的出版，证实了弗洛伊德和布劳尔两个人共同的想法——他们不能再在一起工作了。1894 年夏天，弗洛伊德写道：“事实上，我整天在想神经病原，但是因为我和布劳尔在科学上的联系已经结束，我只好自己一个人支撑了，这就是为什么我的进展那么慢的原因。”现在，由于外人的批评加深了布劳尔的怀疑，他怀疑自己犯了和弗洛伊德曾经过分亲密的错误，以致调和两个人重归于好的可能性完全被排除了。

他们除了对于“性”问题的重要与否僵持不下外，还有另外一个原因造成了彼此间更深的隔阂：两个人都在探究神经病原的成因，而他们必须解决的问题是，在心智演进的过程中何时开始有病态的现象。布劳尔的解释是生理学上的；弗洛伊德则是从心理学上解释，他不认为是分子和运动造成的，而认为是意向和目的所导致。尽管布劳尔自从“安娜”的病例以后，耳闻目睹了许多别的例子，但他仍然很不愿意完全放弃自始便接受的生理学因果律的看法。也就是说，年纪较大的布劳尔不愿意立即抛弃自己所能接受的观念，而年轻的弗洛伊德却急于抱持着新的观念。这种原本寻常的情况，使得二人的关系不好处理。那就是布劳尔曾经帮了弗洛伊德许多忙，不仅有职业上的支持，而且经常借钱给他。弗洛伊德虽急着想还钱，但是仍然做不到。

《梦的解析》出版

当弗洛伊德开始觉得自己更有信心时，有了另外一个新的改变。自 1886 年他以沙考的忠诚门生身份回到维也纳，到出版《歇斯底里的研究》之间，他已经缓慢而稳健地摆脱了沙考的思想。1889 年，他第一次公开反对沙考对歇斯底里症的本质的看法；到了 1983 年，他更公开地发表文章批评歇斯底里症的麻痹状况。不久，弗洛伊德发现了四种神经病原：歇斯底里、意志萦扰、焦虑性神经病原、神经衰弱，每一种都有不同的“性”病因。到了 1896 年，他更信心十足地指出，它们全都是由幼年时代潜意识的性事件而引起的，如此一来，沙考的遗传论就被排除于病因以外了。

和布劳尔的联系终于断绝了，弗洛伊德进入了另一个时期，他后来称之为“精彩的孤绝”期。他在 1896 年时叙述道：“我达到了寂寞的巅峰，失去了全部的老朋友，还没有交上任何新朋友；没有人注意我，而唯一使我向前进的是一点儿向传统挑战的决心，以及写《梦的解析》的心愿。”

弗洛伊德知道，他和布劳尔决裂以后，唯一使他不致孤立无援的是弗莱斯的友谊。维也纳和柏林的遥遥相隔使这两个人很难见面。但是，他们通信不辍，信中流露了对彼此的关怀。

弗洛伊德已经养成了在感情上对弗莱斯的依赖，这是他唯一可以倾吐思想而不怕被耻笑的人，而且彼此的依赖性随着他们在医学上的联系而加强。虽然布劳尔曾经是弗洛伊德的家庭医生，弗洛伊德却有好一阵子特别听从弗莱斯的建议，尤其是1893年发现的偶尔发作甚至于威胁到他生命的心脏病问题。

弗洛伊德虽然是犹太人，但他与犹太商人们不同，他没有什么钱，家庭人口又渐渐多起来，而且他很喜欢与权威者争论。不错，他曾经有许多富有的病人，但是大部分都是布劳尔介绍来的。此外，他正打算向顽固的大众强行推销一种精神病理论，他知道势必触怒医学界和近乎神圣不可侵犯的天主教权威。

弗洛伊德能坚持理想的原因一个是他天生不屈不挠的野心，另一个是外来反对的刺激。但是还有另外一个原因，不太为人所知晓，那就是当时一般的风气，尤其是医学界的意见风气——对于新的观念比已经显而易见的观念更为有利。

著名心理学家，美国哈佛大学教授威廉·詹姆士（1842—1910）

19世纪的最后三十多年，由于医学上的进步，引导着人们更深入地去了解心智问题。

第一届国际心理学大会已经于1889年在巴黎召开。在1890年，出版了威廉·詹姆士的《心理学原理》以及弗雷泽的《金枝》——它深入地探讨了人类器官的诞生和成长。这是两部对弗洛伊德的思想有着重要影响的著作。

1895 年以后的五年，是弗洛伊德生龙活虎的时期。在他仍旧从事于“歇斯底里的研究”最后阶段之际，他首次透彻地分析了自己的一个梦。这对他以后的工作是极具重要意义的。他后来开玩笑地问，他睡的那个地方将来会不会竖立一个牌子，上面写着：“1895 年 7 月 24 日，在这间房子里，梦的奥秘让西格蒙德·弗洛伊德博士窥见了。”

弗洛伊德《梦的解析》中文版封面

1897 年，弗洛伊德开始进行旷日持久的自我分析工作，这个工作因他父亲的去世而提前进行；同时，他又犯了一个错误，他自称是“最大的错误”，那就是“诱惑理论”的形成。虽然这项理论的命途多舛，却引导他发现“恋母情结”，不久后，他认为那是精神发展的主源。这几年，他继续从事《梦的解析》的写作，这本书被大家公认是他所有著作中最具有影响力的。

在 19 世纪最后几年，另外一个想法逐渐加强，那就是，在挖掘神经质症隐藏的原因上，梦的解析是一种有非凡价值的工具。

弗洛伊德曾经在《歇斯底里的研究》一书中的一个注脚里，叙述他对自己梦的分析的片断。他写道：“几个星期以来，我不得不把我睡惯的床换成一张比较硬点的，在硬床上，我比

柏格斯街 19 号，弗洛伊德用来作精神分析之用的沙发以及椅子

较会做到比一般睡眠更深的深度。在我醒来的头十五分钟，我会记得我晚上所做的梦，于是我可以把它们一一记下，再设法去解析。”

弗洛伊德深信，梦止于不可理解的睡眠经验之杂乱堆砌。他自己的“伊玛之梦”经过详细分析后使他信心倍增；当他用同一方法作自我分析时，更加熟中生巧。他的观念并不是全新的，以前的学者就曾指出，“梦包括了一波又一波不连贯的无聊”，“梦的许多功能中，包含了希望的实现”等等。

弗洛伊德的确已经开始写《梦的解析》一系列文章了，头一篇是三万字的论文《梦的问题的科学文献》。

这就说明了为什么他在从医早期时，费尽心血，搜集病人、同事和他自己的梦。高潮在“伊玛的注射”上面，后来把它当作“典型的梦”。

《梦的解析》一书，于 1899 年 11 月（虽然书上注明为 1900 年）在莱比锡和维也纳印行。作者在扉页上宣称：“那是我自己的肥料、自己的种子培育而成的！”此外，它的确把分析从一种狭义的治疗方法，扩展为一种潜意识的心理学。它的重要性是不容置疑的。

19 世纪末的莱比锡

但是，弗洛伊德自己和他病人们的梦的例子，只是他庞大工作的一部分。遍览了现存有关梦的文献并分析了“伊玛的注射”那个梦以后，他接着提出了一个解释梦的奇幻性质的理论，然后阐述它们的意义。基本上，他的假说是这样的：每个梦代表一个希望的完成。当人们睡觉时，抑制住潜意识内容的障碍已经降低，于是它们浮现成梦的意识。然而，在梦中呈现的，仅是弗洛伊德所称的“潜伏的”物质由“梦化工作”转化为物质内容的表现。“梦化工作”有各式各样的构成因素，每种都赋予梦稀奇古怪及不可思议的性质。在弗洛伊德以前，似乎没有人去留心解释这方面的情形。

“梦化工作”的过程，包括“浓缩”、“替代”和“象征”。一些批评他的人，也不得不承认，这是对梦的性质首次提出合理的解释，而以前却不曾有人发表过令人满意的答案。

表情严肃具有学者气质的弗洛伊德

《梦的解析》一书出版后六年内，只卖了三百多本。但是我们不能单以销路来衡量一本书的价值和影响力的大小。弗莱斯告诉弗洛伊德，柏林有十几个读者。弗洛伊德也承认：“在我这里也有些读者，但目前跟随者的时机尚未成熟。而我的书太多新鲜且大胆的论点，严格的证明却嫌太少。”

再版时，弗洛伊德不顾传统的反对加进了新的材料，而且继续修正他的理论，至少在细节上，介绍得更为详细。然而，批评仍旧继续着，直到 1921 年，他发现有必要在第六版上重新写序。

弗洛伊德的著作未能获得它应有的注意。该书出版后许多年，仍然没有人提到它，即使是最重要的主题，都没有人提到。所谓“梦的研究工作者”也不曾引人注意，这给人们提供了最鲜明的反例——科学家居然不追求新知。

即使在 20 世纪的初期，他仍然对未来感到悲观。他对弗莱斯抱怨说：“这个新世纪带给我的，只是愚蠢的评论。无论如何在我有生之年，都不指望任何人给我认可了。”

背景知识

《梦的解析》

《梦的解析》被誉为改变人类历史的书，是弗洛伊德精神分析理论体系形成的一个重要标志。然而有趣的是，此书开始没有引起人们的注意，其德文初版总共只印了六百册，出版六年后，还只卖了三百多册。最初十年未受重视，到1908年才出第二版。可到了后来，它竟被西方许多学者看作是一本震撼世界的书，以至名声大噪，经久不衰。在作者生前就出了八版，最后一版在1929年。此书在各版中一直没有重大修改，每次版本只是增加注释或略有补充。此书先后被翻译成多种文字。

弗洛伊德在写此书以前，不仅有了充分的思想准备，而且已搜集了大量资料。1896和1897年，他已在维也纳犹太学术厅做了有关梦的演讲。1896年10月，其父去世，他深感悲痛，促使他在先前理论研究和医疗实践的基础上，于1897年开始进行自我分析。也就是说，促使他进行自我分析的导火线是他父亲的逝世。弗洛伊德写道："我一直高度地尊敬和热爱他。他的聪明才智与明晰的想象力已经深深地影响到我的生活。他的死终结了他的一生，但却在我内心深处唤起我的全部早年感受。现在我感觉自己已经被连根拔起。"弗洛伊德说，这促使他写《梦的解析》这本书。《梦的解析》是弗洛伊德对人类学、宗教学、心理学和文学著作进行了五六年的研究，又连续两年对自己所做的梦做了分析之后写出来的。

在这部独创性的著作中，弗洛伊德主要分析了梦的凝缩、梦的转移和梦的二重加工；讨论了梦的隐意内容；解析了愿望满足的原理；描述了俄狄浦斯情结；还说明了幼儿生活对成人条件作用的不可避免的影响。弗洛伊德在《关于自传的研究》里曾经预言，从写作《梦的解析》开始，精神分析已不再是一门纯医学的学科了。此书在德国和法国出版，把它的多种应用历史，引向了文学和美学、宗教史和史前史、神话学、民俗学、教育学等学科。这些东西与医学没有太多关系。事实上，只是由于精神分析，它们才与它产生联系。

作为精神分析理论体系形成标志的《梦的解析》一书，1956年美国唐斯博士把它列为“改变历史的书”、“划时代的不朽巨著”之一。这是一部与达尔文的《物种起源》及哥白尼的《天体运行论》并列为促进人类三大思想革命的书。弗洛伊德通过对梦的科学探索和解析，发掘了人类心理的另一面——“潜意识”，从而揭开了人类心灵的奥秘。

内容简介（全书共七章）

第一章为1900年以前有关梦的研究。着重介绍了关于梦的问题的文献，详尽地叙述了前人和同时代人有关梦的理论。英文节译本概括该章内容说：

科学问世以前对梦的观念，当然是由古人对宇宙整体的观念所酝酿而成的，他们惯于将其精神生活投射于假想的外在现实。而且，他们所看的梦端视白天醒来后所残留的梦相，而这方面的记忆较之其他精神内容，当然显得陌生，且不寻常，仿佛是来自另外一个世界。但我们也千万不要以为这种视梦为超自然力的理论今日已不再存在。事实上，今日不只是那些深信怪力乱神的神话、小说者，仍执着于被这种飓风横扫过所残存的鬼神之说，就是一些社会中佼佼者，尽管他们在某些方面嫌弃过分的感情用事，但他们的宗教信仰却仍使他们深信神灵之力确实是这种无法解释的梦现象的原因，某些哲学学派也深信古来相传的神力对梦的影响，而对某些思想家而言，梦的预卜力量也仍无法完全抹杀。尽管科学家们已清楚地意识到这类迷信的不可信，但所有这些纷纭不一的歧见之所以仍会存在，主要还是因为迄今心理学方面的解释仍不足以解决积存盈库的梦之材料，要想将有关梦的科学研究历史作一整理实在是一大难事。因为有些研究在某段时期确实十分有价值，但到目前为止却仍不能在一特定的方向有真正的进展，俾能使此后的学者按已证实的成就而继续发展下去，每位学者总得对同一问题从头开始重新整理而仍无法突破这解不开的结。

1900 年以前，有关梦的经典理论都认为，梦是以象征的方式，表明已经发生或正在发生或将要发生的事物。弗洛伊德不同意这种看法，他指出，梦不是什么预卜未来的神谕，而只是做梦的人在不清醒状态时精神活动的延续。他明确提出，梦的内容多数是最近的以及孩提时代的资料，并根据对自己梦的分析，相信几乎每一个梦的来源，都是做梦前一天的经验。他解析说，只要是外界给神经刺激和肉体内部刺激的强度足以引起心灵的注意，即可构成产生梦的出发点和梦的资料的核心，并按照“复现的原则”，使某种心灵上的印象得到重视。

第二章为梦的解析方法。这一章介绍了对一个梦的分析方法、步骤和注意要点，并详细地分析了一个名叫伊玛的人关于打针的梦。弗洛伊德认为，一个人无法把整个梦作为集中注意的对象，只能够就每小部分逐一检释。并认为同样的一个梦对不同的人、不同的关联将有不同的意义。在弗洛伊德看来，梦不外乎是一大堆心理元素的堆砌物。有关释梦的技巧，他在给伊玛治疗歇斯底里症的过程中有了明晰的运用，难怪弗洛伊德会相当自信地说：“我相当满意于这个刚刚分析所得的发现——如果遵循上述这种梦的分析方法，我们将发现梦是具有意义的，而且绝不是一般作者对梦所说的：‘梦只是脑细胞不完整的活动产品。’相反地，一旦释梦的工作能完全做到，可以发现梦是代表着一种‘愿望的达成’。”所以，他说“梦的内容是在于愿望的达成，其动机在于某种愿望”。

第三章为梦是愿望的达成。在这一章里，弗洛伊德提出了他关于梦是欲望的满足的学说。梦在一定程度上满足了本能欲望，缓和了冲动；又不至于唤起检查机制的警觉，从而保护了睡眠。从这个意义上讲，梦是愿望的达成。但在梦的状态下，心理检查机制仍发挥相当作用，使本能欲望不能赤裸裸地表现自己。因此本能欲望只能采取象征的、曲折隐晦的手法来求得自我表现，以逃避检查。

弗洛伊德从梦是主观心灵的动作这一前提出发，肯定所有的梦都是以自我为中心并都与自我有关，即使自我不在梦中出现，那也只是利用“自居作用”隐藏在他人的背后。他强调说，从每一个梦中，都可以找到梦者所爱的自我，并且都表现着自我的愿望。例如，囚犯的梦“没有比脱逃更好的主题了”。

第四章为梦的改装。也有人译作“梦的伪装”。弗洛伊德认为，潜意识中的本能冲动（从本质上说是性欲冲动）趁人睡眠时以伪装的形式骗过有所松懈的心理检查机制而得以表现，这就构成了梦境。如果说愉快的、欢乐的、幸福的梦是愿望的达成，那么怎样理解不愉快的甚至痛苦的、悲惨的梦呢？弗洛伊德的回答是，无论怎么不愉快的梦，都不外乎是愿望满足的一种“变相的改装”。他认为：“一个愿望未能满足，其实象征着另一愿望的满足。”因为做梦的人对此愿望有所顾忌，从而使这一愿望只得以另一种改装的形式来表达。“梦是一种（被压抑的、被抑制的）愿望的（经过改装的）满足。”这就是弗洛伊德叙述梦的完整的公式。有了这么一个公式，不管什么样的梦，便都可以纳入“愿望的满足”这个范畴了。

弗洛伊德进一步分析说：“就像第三章我们所提出的梦，有些是非常显而易见的愿望达成。而一旦愿望之达成，有所‘伪装’或‘难以认出’，必表示梦者本身对此愿望有所顾忌，而因此使这愿望只得以另一种改装的形式表达之。”为了说明这种“变相的改装”理论，弗洛伊德提出了两种科学假设：“我们须假设每个人在其心灵内，均有两种心理步骤或谓倾向、系统、心理力量，第一个是在梦中表现出愿望的内容；而第二个却扮演着检查者的角色，而形成了梦的‘改装’。”同时，再作“一个合理的假设：‘凡能为我们所意识到的，必得经过第二个心理步骤认可；而那些第一个心理步骤的材料，一旦无法通过第二关，则无从为意识所接受，而必须任由第二关加以各种变形到它满意的地步，才得以进入意识的境界。’”然而，每一个梦，要想证明其中之秘密意义确乎在于愿望的达成，或要指出其改装情形等，的确是需要一番努力的分析工作。

第五章为梦的材料与来源。他的梦的理论一开始便围绕着潜意识问题，将梦分为“显意”和“隐意”，借着做梦者的联想以及释梦者对“象征”的解释，以白天发生的事件为契机，进而追溯到童年的本能欲望。本章介绍了梦中的最近印象以及无甚关系的印象，如关于植物学专论的梦与分析；孩提时期经验形成梦的来源，如梦的肉体方面的来源；一些典型的梦，诸如尴尬的赤身裸体的梦、亲友之死的梦、考试的梦等。

弗洛伊德把梦中所叙述的事物称作“梦的外显内容”；而把那些他认为体现着愿望，而只能通过意念的分析才能达到的隐藏着的东西，称为“梦的内隐思想”。他说，梦不能公然代表本身就是禁忌的愿望、特别是那些同性欲有关的愿望。因此，便通过“梦的工作”，变梦的内隐思想为外显内容；而“释梦”，则是要将“梦的工作”毁坏。他说：梦的思想和梦的内容乃是有如两种语言对于同一内容的两种描述；或者说得更清楚一点，梦的内容对我们来说，像是把梦的思想译成了另一种表现形式，我们必须通过原文和译文的比较来弄清这种表现形式的符号和构成规律。这样可以使梦的内隐思想不再是一个如此难以了解的秘密，使外显内容返回到其内隐思想。

弗洛伊德认为，释梦就意味着寻求一种隐匿的意义。对于梦的来源，他认为有三种可能：一是它也许在白天即受到刺激，不过却因为外在的理由无法满足，因此把一个被承认但却未满足的意愿留给晚上入梦。二是它也许源于白天，但却遭受排斥，因此留给夜间的是一个不满足而且被潜抑的愿望。三是也许和白天全然无关，它是一些受到潜抑，并且只有在夜间才活动的愿望……第一种愿望起于前意识，第二种愿望从意识中被赶到潜意识去，第三种愿望冲动无法突破潜意识的系统。在这三种来源之外，他强调“要加上第四个愿望的起源，就是晚间随时产生的愿望冲动（比如口渴或性的需求等)”。

第六章为梦的运作，也有人译作“梦的工作”。我们已经知道，梦境分为显梦和隐梦两个层次。显梦是梦的表面情节，其内容可以回忆起来；隐梦则是要通过显梦表现的本能欲望。隐梦转换成显梦有赖于梦的运作机制。这一章篇幅最长，着重介绍了梦的凝缩作用，梦的转移（移置）作用，梦的表现方法，梦材料的表现力，梦的象征，梦中的感情和梦中的理智活动以及一些荒谬的梦、算术及演说的梦等等。

弗洛伊德说，梦的外显内容，就像是经过“删略”的梦的内隐思想。可以说，它是后者的一种节译。如有一个混合的人，模样像A，穿着像B，做的事又类似于C，但是不管怎样，人们总觉得，他实际上是D。这种混合的组成，就使这几个人所共同的东西特别地得到强调。像这样在梦中找出那些一再复现的元素，而构成新的联合以及产生一些共同代号的工作，叫作梦的凝缩作用。梦的转移作用，则是将梦的内隐思想中的因素，以某种比较疏远、不重要的东西，如引喻、暗示来代替，而将梦的精神重点或中心转移开去，使得在表面上不能以梦的外显内容看出其内隐思想。而实际上，这梦正是以这改装的面目，在复现其潜意识中的愿望。如一位客人已经离开后又转回来，说是自己忘了带手杖，实际上这不过是借口，他的潜意识中的愿望是要再见主妇一面。

梦的表现形式与运作机制主要就反映在以下四个方面：一是凝缩，即几种隐义以一种象征出现。它的作用是在梦中进行的，目的是为逃避“梦的检查”。弗洛伊德认为，个人梦中情境为其潜意识内资料的象征性显现，通过对梦的分析，即获得其潜意识内所抑制的问题或线索。二是移置，或称换位，即指把被压抑的欲望调换成不重要的观念。它也是在梦中进行的，目的也是为逃避“梦的检查”。但是醒后回想梦中的经历时，仍会受到“检查”，那就是做梦者将梦中颠倒错乱的材料再加一番整理。这种“整理”过程包括戏剧化和润饰。戏剧化就是将欲望表现为具体形象。润饰就是指醒后把颠倒错乱的梦境加以条理化，使之更能掩饰真相。一般认为，这种整理使梦成为一种统一的、某种近乎首尾连贯的东西，这是“梦的工作”的最后一个过程，即“二重加工作用”。

精神分析家释梦时则要透过梦的运作机制，由显梦寻出隐梦，发现梦者潜意识中被压抑的欲望。为便于揭示潜意识的欲望，释梦可与分析自由联想的内容有机地结合起来。在精神分析治疗中，释梦和自由联想分析构成了治疗神经症患者方法的核心部分。

第七章为梦程序的心理，也有译作“梦的过程心理学”。这一章为总结性理论部分，也是本书最晦涩、最抽象的一部分。它依次分析了梦的遗忘、退化（后退）现象、愿望达成，由梦中惊醒到梦的功能和焦虑的梦，原本的与续发的步骤——潜抑、潜意识与意识的现实等现象与理论。弗洛伊德在此发挥了其早年著作《科学心理学设计》（1895）中的科学思想，将所设想的精神机构分为原发性和继发性两种心理过程，再就潜意识、前意识和意识之间的交互关系加以分析，以求对梦的心理过程获得科学的理解。他把潜意识、抵抗和压抑及性的重要性视为精神分析的三大基石，把做梦、失误、神经症症状视为潜意识支配的行为的三种主要形式。

弗洛伊德的精神分析是以潜意识的理论和性欲的理论为基

础的。他的潜意识理论坚信，活动于某一时间而又不为人知觉的潜意识心理过程，不但是一确定的事实，还是人精神生活的一般性基础。这一理论已被人们广泛接受。弗洛伊德对于梦的解释是与他对人类行为动机所持的两种独特见解分不开的（这两种动机一是人类的一切行为均导源于“性”与“攻击”两大本能的冲动，二是以潜意识动机来解释人的行为）。他对梦的解释并不停留于梦的表面现象，而是企图挖掘人深层动机的思想，也为我们深入研究梦在心理学上的意义开辟了道路。

最后值得一提的是，在《梦的解析》中，弗洛伊德以他的潜意识理论对希腊悲剧作家索福克勒斯的《俄狄浦斯王》和莎士比亚的《哈姆雷特》等作品进行了心理分析。象征也被赋予广阔的内容，弗洛伊德说，象征并非梦所特有，而是潜意识意念的特征，在民歌民谣中、神话和传奇故事中，都可以发现象征的应用，而梦则“利用象征来表现其伪装的隐匿思想”。他的性欲理论认为，性本能的冲动，不但在神经症的成因中起着重要的作用，甚至认为正是这种动物性的本能冲动转化为社会可以接受的创造行为的升华作用，从而带来了文学、艺术、科学以至整个文明的最高创造。

的确，《梦的解析》一书在西方影响十分深远，它不仅大大推动了精神分析学说的发展，而且渗透到社会科学领域中的许多学科中。诸如文学和美学、宗教史和史前史、神话学、民俗学、教育学等。因此，西方有些学者认为，大概没有人比弗洛伊德对20世纪的观念、文学和艺术发挥过更大的影响了。

本书经历一个多世纪而不衰。弗洛伊德对梦的解释，已深入到人内心深处的潜在动机，能言前人所未言，敢言人之不敢言，实乃超出前人之上。但他在释梦中的主观性、任意性和神秘性也是显而易见的。他把人一切梦的隐义都与做梦者潜意识中的本能欲望联系起来，这太牵强了。他根据其性欲理论来解释梦，不是把人看作社会的人，而完全看成是一种生物，因此一开始就受到人们的谴责。

1895 年年底，事情都进行得很顺利。他每天处理六到八个病例分析——大多数都是很有趣的东西，各式各样的新材料。他每天花九到十一个钟头在病人身上。然后，晚上十一点钟时写各种报告。

他现在已有能力开始偿还欠布劳尔的两千三百佛罗林。十二个月之后，他的事业更顺心了。病人成群地涌来，每个工作日他要主持十或十一个治疗的阶段。

这大概是他工作负荷的极限了。因为他还要继续自己并不太喜欢的工作——在大学里授课。

虽然大多数爬上柏格街 19 号楼梯的病人，患的病纯属不必外在帮助就能治疗的精神困难，但是也有例外。其中一个例外是“伊玛”，弗洛伊德全家人都认得她，她也是弗洛伊德曾经解释的最著名的梦——他自己的梦——的主角。

1895 年夏天，弗洛伊德和家人在“舒罗斯伯勒优”（耸立在维也纳郊外山丘上的一幢华丽宅第）度暑假。这屋子以前是供人举行舞会和音乐会的地方，现在已经改为舒适的家庭旅社。4 月 23 日的晚上，弗洛伊德在这里做了一个梦，后来就成为家喻户晓的“伊玛的注射的梦”。

他会对梦产生兴趣，和他所使用的自由联想有关。因为他

1895 年 7 月时，在维也纳城外的舒罗斯伯勒伏，弗洛伊德在那里阐释了“伊玛的注射的梦”

发现，许多病人叙述自己的梦时，梦中情景似乎和他们白天意识下的思想一样鲜明。他们清楚地说出来，可见他们认为梦和别的可理解的现象一样重要。基于这种现象，他认为梦并非是如大多数人所主张的没有意义，而是可提供许多线索，引导医生发现一个病人压抑在潜意识中的事件。

弗洛伊德在《梦的解析》中叙说的故事是这样的：

1895 年夏天，我正在为伊玛治疗，她是一个年轻的女人，也是我们家的朋友。她的歇斯底里焦虑症已经好多了，但是她身上还有其他的疾病。我建议她做点事，但是她拒绝照做，于是治疗就中断，因为我们全家去度假了。

7 月 23 日，有一个同事到旅社来见我，那人和病人以及病人的父母同住在乡下。他告诉我，女孩子“比较好了，但没有全好”。我察觉到同事脸上有不满的神色，于是那天晚上我就写出病人的病历，把它交给了 M 医生的两位普通朋友（那时是我们圈里的领导人物），为的是澄清我的立场。

玛莎的生日再过几天就要到了，她告诉我伊玛到时也会来庆贺。伊玛的病例至少占据了我思想的一部分，于是那晚我做梦了。第二天醒来，把梦记录了下来：

一个大厅里，我们的宾客如云，而伊玛也来了。我立刻把她拉到一旁，好像在回复她的信，并责备她不曾接受我提议的“办法”。我对她说：“如果你仍感到痛，那实在只是你自己的错。”

她回答说：“如果你知道我现在喉咙、胃和小腹都疼痛，你就不会这么说了。”

我很惊讶地看着她，她脸色苍白而肿胀。我想，我一定是没有注意到某个器官问题。我拉她到窗前，向下望她的喉咙，她做出反抗的样子，好像戴了假牙的女人。我自忖，她实在没有必要这样。后来，她乖乖地张开嘴巴，我在右边发现了一大块白色的东西了，在另一个地方，我看见许多灰白色的疤。我立刻请 M 医生来，证实我的看法。我的朋友奥图正站在她旁边，而另一位朋友里奥波德正隔着她的衣服听诊，说道：“她左下方有

步入中年的弗洛伊德

一个没有反应的地方。”他又指出左肩的一部分皮肤被细菌渗透了。……M说：“毫无疑问，那是发炎，但是没有关系，痢疾将会接踵而来，毒素就会清除。”……

我们也立刻知道了发炎的起因。原来，不久以前，我的朋友奥图为她注射了一大堆丙烷基、丙酸……三甲胺……他不应该这么没头没脑地注射这些东西，而且注射筒大概也没有消毒干净。

弗洛伊德在解释梦境时，能把梦中的每个细节，与最近所发生过的或讨论过的事物联系在一起，并非梦中所有的事都与伊玛有直接的关系。梦中弗洛伊德把伊玛带到窗前，看她的喉咙时，就浮现了早先他检查一位美丽的贵妇，并发现她的假牙的情景。白块和灰疤也和醒时的经验有着清晰可指的连接。最后，弗洛伊德对这个梦下了肯定的结论。他写道：“这个梦指出了一大堆其他的因素——使我脱卸了对伊玛情况的责任。这个梦呈现了我应该希望的许多事件的特殊状态。因此，它的内容就是被压制的希望的实现，而它的动机就是一个希望。”

第一个大错误

1900 年，他做完了对伊玛的梦的解释以后，弗洛伊德下结论道：“我并不认为我已经完全揭露了这个梦的意义，或者说它的解释没有瑕隙。”

1900 年 9 月间，弗洛伊德为了健康上的理由去柏林看弗莱斯，但是当他们讨论自己的想法时，他再一次被友谊滋润而兴奋不已。

弗洛伊德的新工作，是提供一种可以归类为自然科学的心理学。也就是说：提出可辨识的物质粒子来解释人类的精神领域，并使心智演进的过程明显而不矛盾。他所提出的粒子是三种神经细胞：phi/神经细胞、psi/神经细胞和 omega/神经细胞。

他希望根据这些基本的构成物，以物理学和脑生理学而非心理学的语言来叙述心理学的知识。弗洛伊德在《计划》（后来称为《神经病理学者的心理学》）那本书中构建了复杂的机械架构，它的运作使任何心理学的状态都可以用生理学的名词来解释。《计划》一书不仅解释了“记忆”的问题，而且解释了精神能量得以聚集的过程。另外，它还包括了许多观念，后来又继续发展成为精神分析体系中重要的一环。

工作于 1900 年 10 月完成。弗洛伊德把原稿寄给弗莱斯，他高兴地写道："凡事都已就绪了，齿轮环环契合，我简直认为它是一部机器，一会儿就会转动了。"

但弗洛伊德这种满意的情绪没有维持多久。一个月后，他从山峰跌到谷底。他告诉弗莱斯，说不懂自己所编造的布局中的人类思维状态，但他又极不愿意放弃《计划》一书的中心观念。很多年以后，他仍然对此抱有希望，认为可能以神经系统的有机元素来代表神经细胞系统的精神路径。但二十年以后，他不得不承认，自己在这一方面始终没有进展。

弗洛伊德在一封给弗莱斯的信上写道："请注意，我想到一件重要的事情：歇斯底里现象的产生与青春期以前的主要性经验以及剧变和恐惧有关，而意念萦绕性的精神病是受到了同样的经验加上快乐而形成。"

在1895年年底，弗洛伊德仍然只和弗莱斯共享这个信念的秘密。但是，翌年初，他完成了《计划》中三篇文章的第一篇，文中对这个观点有较详细的叙述。这一次，弗洛伊德显然意识到他终于击中了便于成名的脉门，如果他已经发现了伟大的医学临床奥秘，则尽可能地少招人们议论而带着它跑。

三篇报告的第一篇是《遗传与神经病的病源论》。第二篇报告是《防卫性神经病的再评论》，叙述了支持他的理论的病例。但是，使弗洛伊德的旗帜异常鲜明的是他对维也纳的"神经及精神病学学会"的一次演讲以及形成他第三篇论文的基础。

题名《歇斯底里的病源论》的演讲被批判性地接受，后来成篇出版，大部分都受到攻击。演讲过后，学会的主席卡夫特·伊宾总结了大家的感觉，直截了当地说："弗洛伊德，你的演说听起来好像一个科学的神话故事。"

《歇斯底里的病源论》在美国也得不到好评，人们说那是“西格蒙德·弗洛伊德愚蠢的结论”，又说“他应该再试一遍”。

弗洛伊德继续坚持他的理论，以热情和科学上的客观面对他的理论。他宣称，在这段时期，他曾经把许多心血放在“诱惑理论”上，也沉醉于以攻击性的追求来支持它的证据。

1896 年整整一年和 1897 年的上半年，弗洛伊德继续从他的病人身上搜集更多的资料，以印证他的“诱惑理论”。他透露，理论的证实和“压力技巧”的使用有很密切的关系。

事实上，如果不是为了两件事情，弗洛伊德可能一直继续相信“诱惑理论”。其一是，1896 年秋天父亲的逝世；另外就是他丧父后投入大量精力所做的自我分析。

弗洛伊德的父亲死于 1896 年 10 月 23 日。大约十天以后，他认为有必要作自我分析了。他在日记上写道：“老人家的死，借着意识之后的朦胧路径，影响我至深。我极为尊敬他，而且实际上非常了解他。他深邃的智慧和宽容的体贴奇妙地糅合在一起，对我的生命有着极大的意义。他虽然离去，但是整个过去不停地在搅动着我的内心。我现在觉得整个人好像被连根拔起似的！”

19 世纪末的维也纳

1897 年 6 月

初，玛莎六个小孩子和明娜，都到山间观光胜地奥西去旅行了。弗洛伊德独自在维也纳工作了好几个星期，8 月初才和家人会合。他和玛莎回到维也纳，写信向弗莱斯报告近况，悲伤地承认，他煞费苦心建造的“诱惑理论”没有合适的基础。他说：“让我开门见山地告诉你一个大秘密，我最近几个月逐渐醒悟，我不再相信我的神经机能病。”

卡夫特·伊宾所谓的“科学的神话”并非是不正确的评论，但是相隔六年以后，弗洛伊德才公开承认自己的错误。

回顾以往，他了然于自己所犯的错误。他承认道：“分析已经循着正常的路径，带回到这些幼儿的性创伤，但是它们却不对。现实的稳固立场已经消失了。那时候，我真恨不得放弃整个工作……我之所以执着，也许只是因为我不再有选择的余地，不能再重起炉灶！”1907 年，他私底下仍然认为被“那第一个大错误弄得晕头转向”。又过了五年，他依然对他的第一个错误耿耿于怀，坦白地对一位朋友写道：“我现在将要张大眼睛，看好每一步路了！”

弗洛伊德仍然执着地相信，“在精神世界里和在物质世界里一样，每一件东西都有一个原因，只要我们耐心和敏锐地去找寻，一定可以发现”。如此说来，模拟的诱惑虽然没有被偶然找到，但是无论如何，它们一定会被发掘。弗洛伊德在这种信念支持下，回顾他和精神病患者相处的经验，他想起和他们许多人在一起时，现实中感到的恐惧已经转变成为潜意识希望的表达。

“恋母情结”理论

在1897年，当弗洛伊德哀叹“诱惑理论”成为废墟时，他继续做了许多个月前就开始的自我分析。这个举措，是他解答自己精神问题的转折点，与“诱惑理论”的破灭及它的代替品的产生相契合。因此，它对弗洛伊德自己的发展和精神分析的过程非常重要。

从弗洛伊德的叙述里，我们根本不清楚他记录的自我分析的事情中，哪些是特别的回忆，哪些是梦，哪些又是梦的解释。但是他确实做了一些努力，他去问他的母亲，向她求证可能求证的事；不过很可笑的是，后来他自己警告说，这种做法是很危险的。他说，孩子们自由地记忆故事，往往可以被认为是可靠的。“因此，人们不免自然而然地采取捷径，为填补父母记忆的不全而去问他家里的兄妹。”

1897年10月15日，弗洛伊德向弗莱斯报告他的自我分析中最重要的结果：“在我自己的案例里，我已经发现我爱母亲并嫉妒父亲。现在我相信，那是幼儿的一般现象，虽然它并不一定很早就出现于患歇斯底里症的儿童身上。”

三年后，弗洛伊德公开地在《梦的解析》中揭露“恋母情结”理论。他说：“忒拜的国王俄狄浦斯的命运，或许也可能是我们的命运，所以才使我们感动。因为我们和他一样，命中注定会有那样的经历，把我们起初的性激动指向母亲，而我们起初的仇恨和谋杀意图对准父亲。”

弗洛伊德的观点，一方面根据他自己的梦重组，一方面根据他的自我分析。他认为一个襁褓时期的男孩子，身体上和感情上都对母亲有所依靠，但到了四五岁时，就会被更强的东西取代。“男孩子希望拥有他的母亲，而母亲则在他体验摸索性的生活中被神圣化……在他早期觉醒的男性意识下，希望取代父亲的地位而拥有母亲……而他的父亲现在变成横梗中间的仇敌，他恨不得除去而后快。”

弗洛伊德为女孩子创设的平行理论是“恋父情结”。他认为，起初她们的生活也以母亲为中心，后来发现男人拥有一根阳具，她们就把对母亲的爱移转到父亲身上，潜意识地埋怨母亲没有阳具。

根据弗洛伊德的说法：男孩和女孩应付那些情况的方式，会影响他们的一生。因为成长中的儿童必须学着支配早年受压抑的情结，而且达到在感情上和父母的分离。

弗洛伊德的年事越长，他的信念越坚定，益发认为恋母情结是精神分析上整个结构的中心支柱。他每次和人讨论时，态度都异常主观。

长久以来，大多数弗洛伊德的追随者，都同意“恋母情结”的卓越性与重要性。但是也有一些人，虽然相信有客观的证据印证它的存在，但却觉得弗洛伊德太过于强调它的重要性。他们认为他引申了不存在的“普遍存在说”以及用心理学上的术语，来阐释一种生物学上的主要现象。

背景知识

恋母情结

所谓“情结”是指情感上的一种思恋和寄托。恋母情结，又称俄狄浦斯情结，在精神分析中指以本能冲动力为核心的一种欲望。通俗地讲是指男性的一种心理倾向，就是无论到什么年纪，都总是服从和依恋母亲，在心理上没有断乳。

恋母情结来源于古希腊古罗马的神话与传说。传说底比斯国王拉伊俄斯受到神谕警告：如果他让新生儿长大，他的王位与生命就会发生危险。于是他让一个猎人把儿子带走并杀死。但那个猎人动了恻隐之心，只将婴儿丢弃而没有杀死。丢弃的婴儿被一个农民发现并送给其主人养大。多年以后，拉伊俄斯去朝圣，路遇一个青年并发生争执，他被青年杀死。这位青年就是俄狄浦斯。俄狄浦斯破解了斯芬克斯之谜，被底比斯人民推举为王，并娶了王后伊俄卡斯特。后来底比斯发生瘟疫和饥荒，人们请教了神谕，才知道俄狄浦斯杀父娶母的罪行。俄狄浦斯挖了自己的双眼，离开底比斯，四处漂流。

恋母情结的本质是相似和互补。以男孩为例，他与父亲同性，所以相似，而相似引起认同，使男孩以父亲为榜样，向父亲学习，模仿父亲，把父亲的心理特点和品质吸纳进来，成为自己的心理特征的一部分。男孩与母亲不同性，两性可以互补，取长补短，相依为命，这就是恋爱或对象爱。于是，男孩与自己的父母形成了最基本的人际关系，这种人际关系可以用“恋母仿父”来概括。恋母和仿父常常相互促进。父亲爱母亲，而男孩模仿父亲，他就会越来越爱母亲；母亲爱父亲，男孩为了获得母亲的欢心，必须让自己越来越像父亲。

按照弗洛伊德的观点，恋母情结是最基本的人际关系，也是最早发生的人际关系，长大以后的各种人际关系都不同程度地受恋母情结的影响。可以说，后来的各种人际关系都是恋母情结的变形。恋母情结随着人的成长而变化：三至六岁出现的恋母情结是第一恋母情结。进入青春期后出现了第二恋母情结，第二恋母情结的对象不再是自己的亲生父母，而是父母的替代者，即家庭之外的两位长者，可以是父母的朋友，也可以是自己的老师、历史上的名人或当红的明星。其相似作用表现为与一位替代父母的认同，模仿他，学习他，崇拜他；互补作用表现为爱上一位年纪比自己大许多的异性，这种现象叫作“牛犊之恋”。

这个时期的孩子喜欢编造“身世幻想”，其特点是想象自己不是现在的父母所生，而是从小被领养的，“亲生”父母比现在的父母要高贵得多。于是告别养父母，踏上寻找亲生父母的征途，经过一番艰难险阻终于找到了亲生父母。不难看出，身世幻想实际上是第二恋母情结的反映，致使亲生父母被换成了养父母，而父母的替代者被换成了“亲生”父母。摆脱父母，为自己寻找父母的替代者是青春期的普遍心理。这种心理如果过分强烈，就会导致“非血统妄想”，即毫无根据地认定自己不是现在的父母所生。

第三恋母情结。随着年龄的增长，恋母情结的对象渐渐年轻化，终于被同龄人所取代。此时，相似作用表现为与同性的同龄人形成友谊，互补作用表现为与同龄异性相爱。真正意义上的友情和爱情产生了。为什么恋母情结的对象会越来越年轻呢？这是因为，恋母情结的对象虽然来源于父母，但又不是现实的父母，而是父母的意象。心中的意象不会随着年龄的增长而变老，因此，个体在长大，而父母意象不长大。相对于个人的年龄，父母意象越来越年轻，恋母情结的对象也越来越年轻。

另外一个更严重的批评是，弗洛伊德假想人类每个分子都有和他一样的心理发展。但是在他的跟随者眼中，这是一个真诚的假设，而不是一般人所谓的草率假设。

事实上，一个小孩的异性父母对他的吸引力确实很强，但一个男孩子最后对他父亲的认同，比较可能的是钦佩他父亲，而不可能是害怕的结果。正如弗洛伊德所指出的，在有慈祥的母亲和严厉的父亲的家庭里，似乎最可能产生同性恋。但他所主张的，在“恋母情结”阶段和青春发动期以前的这段时间，根本没有性生活，那就错了。

弗洛伊德相信神经质症和幼儿性欲有直接关系的主张，首先由他放弃的“诱惑理论”引起，后来由于他不当的处理“恋母情结”而来。

用旅游调剂生活

尽管弗洛伊德抱着悲观的态度，但却在新世纪开始的头几个月里，完成了他赖以建立精神分析多功能支流的基础。它包括了开宗明义所说的：第一，潜意识比以前人们所承认的更为积极地扮演着激起人类行为的角色；第二，许多精神病的造成必须追溯到意识中未察觉的精神创伤事件，它们往往有“性”的特质，也往往发生在人们认为是“天真无邪”的幼年时代。而这些症状，有时可以借助一种病人和医生对话的革命性新方法，得到减轻甚或痊愈。

此外，在《梦的解析》里，弗洛伊德不仅主张“梦可以提供神经官能患者的行为线索”，而且表示他的“潜意识理论”不仅适用于健康的人，也适用于有精神病的人。

尽管一开始，弗洛伊德得到了知名人士的敬重，但反对他的人也在持续增加。事实上，每当弗洛伊德的主张开始露出成功的曙光时，他的敌人必定又要与他展开战斗，而这些战斗比他以前所遭遇的还要凶险若干倍！他之所以从事探究人脑的神秘，是受到法国大师沙考的激励和扩展人类知识的使命感，而且也为了在经济上大有收获。

那时，正是20世纪初，野心和专注于职业的混合品质，要被融化到更坚硬和要求更严的容器中。不出几年，弗洛伊德就要摆脱弗莱斯给他的影响了。他要去拜访他渴望已久的罗马。等周游回来后，他决定运用各种必要的手段，赢得大学教授地位。最后，甚至创造出一个新的方程式，西格蒙德·弗洛伊德等于精神分析加新方法、技巧，甚至一种科学。

在发生这一切之前，弗洛伊德多年来都过着千篇一律的生活。每年，他总是花九个月的时间在维也纳，毫不懈怠地工作着。然后是三个月的休息，通常假期都在风光明媚的阿尔卑斯山度过。他在大学的地位仍然只是讲师。和布劳尔合作的《歇斯底里的研究》一书，就像他自己的《论失语症》和《梦的解析》一样，引起的只不过是几个涟漪，没多久就消失了。他在维也纳的医药界中，仍然遭人怀疑和嫌恶。

弗洛伊德的消遣单纯而不奢侈，他不怎么挑剔。每个星期六晚上，他会和几位朋友到附近的酒店，玩几盘维也纳的牌戏。

风景美丽的阿尔卑斯山

礼拜天，他会和孩子们在市郊的树林中散步。每隔两周，他会到犹太人的社团里消磨一个星期二的夜晚，那里是他忘却外面冷酷世界的避风港。

每年的假期已经定型，很少改变。玛莎和孩子们会先离开维也纳，到他们预先租好的位于阿尔卑斯山风景秀丽的别墅中去，弗洛伊德随后才到。旅程的一切安排由小弟弟亚历山大负责，尽量使他的哥哥能舒适而安静地上路。弗洛伊德的到达，永远是假期的最高潮。他的大儿子马丁说："我们大家都开始四处旅游，登山踏青，找香菇、采野花。"

弗洛伊德也是一个风景鉴赏家，最擅于寻幽探胜。在他心灵深处，有一股迫切和大自然亲密接触的渴望。某年 6 月他写道："大概每年这个时候，我的心情和哥伦布极为相似，像他一样，渴望着土地（德文的土地也是原野之意）。"这种渴望很清晰地流露在他所写的信中，而且他一生都是如此。他将近八十岁时，已经被癌细胞侵蚀，但在最后几次旅游阿尔卑斯山时，仍非常热衷于欣赏大自然的花草、绿茵和湖光山色。显然，生理上的苦楚并没有减损他享受自然的能力。再到后来，他只能到维也纳的郊外走走，但他的眼光和往昔一样锐利。他写信给朋友说："我现在坐在格林津的屋子里，呈现在我面前的是光耀夺目的花园，有翠绿的草地和红棕色的花叶（山毛榉）。我注意到，随着 5 月到来，暴风雪已经停了，阴冷的太阳高悬在天上。"

真正使他高兴的是那可爱的寂寥——山峦、森林、花儿、流水、城堡、僧院，而不是人类。他五十三岁时写道："昨天，我拖着疲惫的身子到了一处山坡，大自然以最简单的道具——

白的岩石、漫山遍野的红玫瑰、一抹积雪、一道瀑布、一片绿意，构成了如此惊人的效果，我不禁进入浑然忘我之境！”

除了山峦，另一种在假期中深深吸引他的事物就是香菇。弗洛伊德全家人都擅于找香菇，他本人更是经常找到最好的。马丁回忆道：“父亲发现一个完美的香菇时，会跑上前去，把帽子抛向它，然后吹起他放在外套口袋中的银笛，很响亮的一声，以召唤他的人马。听到哨音后，我们全都奔去。爸爸要等我们全都屏息，才会揭开帽子，让我们检视和赞赏。”

他们乐此不疲。第一次世界大战期间，弗洛伊德和家人利用假期到现在波兰与捷克交界的塔特拉山去。那里长着最鲜美的香菇，弗洛伊德提议来一个比赛，找到最好香菇的人赏二十元，第二好的赏十元。但是，他的朋友透露，最后只有一个人得奖，那就是弗洛伊德本人，他永远囊括两个奖。

三个月的暑假是一个非常必要的缓冲，可以调剂前九个月聚精会神的工作。它帮助弗洛伊德保持身心平衡，因为他要开始慢慢地一个一个地说服维也纳的同事们，而且他还有更杰出的理论要发表。然后，当他感到进行下一个行动的时机临近、他的任务感加强时，便带着决心向罗马进发。

他一直很向往罗马，1898 年秋天，他向弗莱斯透露，他长久渴望的罗马之行，已愈加靠近实现之日了。他有许多新的计划要在罗马实行，但是后来都未能如愿。他在 1899 年 8 月慨叹地说：“在永恒之城，学习生命的永恒律，这不能说是不好的想法吧？”

1899 年 8 月底，他在桑西和家人分手后，和弟弟亚历山大结伴，于 9 月 2 日到达罗马，在那里停留了十二天，到处观光，曾按照风俗在许愿池内投铜板。

此后，他又去过罗马六次。第二次是次年，又是和他弟弟一起，他游览了威尼斯和那不勒斯，登上维苏威火山，凭吊了庞贝遗址。

庞贝遗址

“走后门”当上副教授

他希望《梦的解析》一书会带给他名声，但是1900年时，那本书仍然乏人问津，他认为自己应该再忍耐一下。但到1901年年初后，他的想法开始改变了。那时弗洛伊德四十五岁，他预感到自己的观念终必传世，于是不再等待了。

1901年，他朝圣般地从永恒之城回到维也纳，他认为提升自己职业地位的时机已到。他需要钱以便再去罗马。他要照顾他的家庭，因此他想要得到一个较好的地位以便有所保障。他决定运用所有的影响力，尽最大的力量暗中活动，以获得大学教授的席位。

教授这个职位会带来学术地位和社会地位以及许多其他的好处。可是，弗洛伊德的前途却不被看好。大家都认为他的犹太人身份是一个主要的障碍。

因为到 1901 年，弗洛伊德在维也纳大学已当了十六七年的讲师，诺斯纳格告诉他，学校打算委任他为副教授，他的名字正被呈送教育部。支持他的人包括卡夫特·伊宾，但是教育部没有批准大学的推荐。学校当局连续推荐了三次，都没有获得通过。有人以为，这是大学规章的问题，但是，如果执行的人存心要改变法律，那么规则并不是无懈可击的。因此，我们不难相信，虽然一个犹太人可能被许可，一个视“性”为大多数事情之源的人也可能被通过，唯独两种情形加在一起，就使当局者感到大伤脑筋了。

1901 年，弗洛伊德拜访了他以前的老师西格蒙·艾斯纳，但老师表示自己的影响力不够，告诉他高层的人有偏见，劝他设法“走走后门”。

于是弗洛伊德首先去拜托他的一个病人葛佩兹女士，她的丈夫和政界人士的关系不错。葛佩兹女士去见教育部长威廉·哈特，说有人批评他反犹太人。部长客气地推诿，说他根本不知道以前有人送来弗洛伊德的申请，建议她转告学校另送一份新的申请表来。诺斯纳格与卡夫特·伊宾再一次提出弗洛伊德的名字，可是这次仍旧是石沉大海。

但是，弗洛伊德一旦下定决心，就有锲而不舍的精神。他的另一位病人，佛斯特女士，开始卷入漩涡。我们不晓得其中的细节，但是我们知道，这位身为外交官夫人的佛斯特女士，马上和教育部长攀上交情。哈特部长管理下的现代艺术即将在维也纳揭幕，传说弗洛伊德获得了副教授职位，交换的代价是一幅亚诺·柏克林的画，是佛斯特女士费了三个月的唇舌，哄骗她的阿姨捐赠出来的。

1902年，弗洛伊德终于得到了维也纳大学副教授的资格，提高了他的地位，也提高了他的诊费，但最重要的是使他在为“运动”奋斗时成为更坚毅不拔的人物。

20世纪初的维也纳大学

就他的教书生涯而论，一切都没有多大的改变。他担任讲师时，学校就让他随意选择内容教学，而这些演讲现在同样继续下来了。他有使人信服的表情和驭繁于简的技巧。许多人慕名而来听他演讲，原以为会听到一套艰深晦涩的大理论，但事实不然，大家都被他的口才折服，大为赞叹。

每星期六晚上，弗洛伊德会到总医院的旧精神病理诊所，做两小时的实验示范。他的黑发特别卷曲，小胡子修剪得很漂亮，光亮的深棕色眼睛透出仁慈和蔼的神色。

虽然主要的听众是在大学上课的学生，但有些出人意料的听课者，也被吸引到他的“网”里，其中有些在他还没当讲师时就是座上客了。有一位是美国人安玛·古德曼，她在 19 世纪 90 年代后期游学欧洲，听了很多次弗洛伊德的演讲。几年以后她写道：“他的简明、热忱以及睿智加在一起，使我觉得自己走出了阴暗的地窖，见到了亮丽的阳光。我第一次体会到性压抑的全部意义及其对人类思想和行为的效应。他帮助我了解我自己和自己的需要。我认为，只有心术不正的人才会毁谤弗洛伊德这个伟大而善良的人。”

组织“周三学会”

大多数人仍然不太重视弗洛伊德的见解。不过形势正在改变，一方面是由于他已下定决心，要使大众接受他的学说；另一方面是因为他在最具影响力的听众中，宣扬他的“福音”。他有一次向弗莱斯透露：“实际上我并不是一个科学家、一个观察家，也不是一个实验家或是一个思想家。我的本性，不过是一个冒险家，具有好奇心、勇敢和不屈不挠的特质。”一点儿也不错，一旦弗洛伊德这位“冒险家”获得了教授名衔，安定下来，享受他被赋予的新地位，他就开始崭露头角了。

当时的威廉·史铁喀尔，一位维也纳全科医生，读了《梦的解析》一书以后，成为弗洛伊德最忠诚的追随者之一。他使用精神分析的技术，在维也纳的报章杂志广为宣传，后来宣称："我是弗洛伊德的门徒，他是我的基督！"

伏案书写的弗洛伊德

1902年，史铁喀尔建议弗洛伊德开一个小型的讨论会。弗洛伊德很感兴趣，随即邀请了两位曾听过他讲学的医生马克斯·科恩、鲁道夫·雷特勒以及最近主攻精神错乱症的眼科医生阿弗瑞·阿德勒，组成了"周三学会"。

1906年这个组织改组成"维也纳精神分析学会"，在此以前他们并没有保存会议记录。四年后，"国际精神分析协会"成立，这个学会成为它的维也纳分会，尽管会议在属于医学院的房间中举行，但弗洛伊德尽可能使会务无拘无束地进行。

"周三学会"成立不久，阿德勒介绍了一个叫兰克的年轻人给弗洛伊德认识，兰克在以后的二十年中矢志不移地支持着弗洛伊德。他原在一家玻璃工厂谋生，由于生了一场病，经人介绍给阿德勒诊治，阿德勒发现他是少数在维也纳读过弗洛伊德的书和论文的人之一。

还有两位生力军，一位是漠斯·沙克斯，他曾听过弗洛伊德在大学的讲学；一位是山达·法兰基，他是匈牙利布达佩斯市的精神病医生，读了《梦的解析》一书以后，开始用“精神分析”治疗他的病人。

“周三学会”的成员，以犹太人占大多数，这个事实使弗洛伊德感到有些窘困。而某些人以为，犹太人充斥的原因之一是他们比较容易承受对精神分析产生兴趣后遭遇的半放逐状态。

表面上看来，“周三学会”和那些由志趣相同的科学家所组成的和宣传新的而不受欢迎的观念的社团没什么不同，但事实上却有显著的差异。它是由一个相当小的团体演化到“维也纳精神分析学会”，进而成为“国际精神分析协会”的一个分支机构，这种不同也就更明朗化了。

马克斯·葛拉幅曾经精辟地叙述会员聚会的气氛，他说：“那个房间里，有一种宗教发源的气氛。他使那时充斥的精神分析调查的方法显得浅显。他对学生的要求很认真和严格，不容许他的教导被分歧和歪曲。主观来说，弗洛伊德当然是对的，

弗洛伊德和精神分析协会会员在一起

因为他费了那么大的力气和时间去开创的学说，仍然要和世界上的反对者去抗衡，不能因为犹豫软弱和华而不实的装饰而沦亡。虽然弗洛伊德平时是慈善而敦厚的，但是在阐扬自己的理念时，却坚强而一丝不苟。如果有人怀疑他的科学，他会毫不犹豫地和那个人决裂，即使是最亲密可靠的朋友也不例外。”

不论众人如何看待，弗洛伊德都很少和人妥协。1922 年 5 月他曾率直地写信给法兰基说：“我们拥有真理，我现在和十五年前一样，知道得很清楚。”有人曾指出：“他相信自己的理论绝对真实，以至于他不允许别人反驳。他的敌人把这情形称为心胸狭窄，他的随从者却说这是对真理的热情。”

那些曾修正他们原先的信念，或是觉得一部分精神分析的理论是不能接受的人，弗洛伊德不认为他们是持有正统见解的科学家。“叛徒”对他们似乎是极为适当的字眼，而精神分析的年鉴中这种例子比比皆是。

弗洛伊德相信不和他在同一阵线的人，不是傻瓜便是叛徒，或者两者都是。由于这种观念根深蒂固，他终于和弗莱斯分道扬镳了。两个人需要对方的地方已经渐渐减少，即使他们的友谊不会在反唇相讥的怒涛下消失，也会慢慢变淡的。

身穿西服，表情严肃的弗洛伊德

他们的关系经历了三个阶段，每个阶段之间的界线并不明显。他们于 1887 年相遇，到 1895 年的夏天，两个人的联系最为紧密。在意识上，即使当“伊玛的注射”这个梦引起轩然大波时，他们的友谊也未曾减弱，而弗洛伊德虽然进行着自我分析，揭示了“恋母情结”，完成了《梦的解析》，仍然没有减少对弗莱斯的依赖。但是，那时候弗莱斯似乎已经达到他事业的巅峰。而弗洛伊德呢，尽管他不时流露出悲观的论调，却瞥见前面已经有了伟大的事业。

不过他们早期的默契仍然存在，我们可以从弗洛伊德对弗莱斯的一本新书受到批评的反应看得出来。弗莱斯的书谈到鼻子与女性生殖器官的关系，这比弗莱斯以前写的《周期理论》更向前迈进了一大步。《周期理论》指出女人的性周期是二十八天，男人是二十三天。弗莱斯主张：“这些韵律周期并不限于人类，而且延伸在动物界，可能还遍及有机物世界。”

在他们两个人最后一次见面之后大约二十年间，弗洛伊德仍相信“周期律”，那时他们关系的第二个阶段正要结束，第三个阶段正在展开。整整三年，他们不时地通信，但是逐渐发现，两个人现在都在设法独立。

1903 年，弗洛伊德与弗莱斯为了“两性问题”这个争论而交恶了。交恶的原因是诚实问题。

早在 19 世纪 90 年代，弗莱斯就主张不论男人或女人身上都可以找到两性性征。1897 年，弗莱斯曾和弗洛伊德就“双重性征”的问题讨论了很久，当时弗洛伊德拒绝接受这个理论。但是经过几个月的思索，他回心转意了，并于 1898 年写信给弗莱斯说：“我紧抓住你的‘双重性征’的观念，认为它对我的研究工作非常重要。”

第二年，弗洛伊德完全接受了弗莱斯“双重性征”这个观念。但是，他们在阿克汉西见面时，弗洛伊德突然提出“双重性征”的观念，认为那是他的新发现，一口否认他曾经和弗莱斯谈过这个问题。

到了1906年，弗洛伊德和弗莱斯的关系终告断绝。弗洛伊德就转而争取卡尔·克劳斯——一位编辑的支持。

《性学三论》出版

从现在开始，弗洛伊德正领导一群人数日增的支持者，有时迂回而行，有时勇往直前，虽然横遭险阻，但是永远矢志不移地追求着理想。

弗洛伊德拿着雪茄的照片

弗洛伊德在1905年的三种主要出版物中，以不同的方式向理想迈进着。第一本书是《智巧的尝试》，里头所叙述的正如标题注明的是“智慧及其与潜意识的关系”。这本书和《日常生活的精神病理学》一样，阐释日常生活和潜意识的关系，使精神分析的学理，易为一般人所接受。第二本是《少女杜拉的故事》，早在1900年完成，因为恐怕被人指责为草率，所以一直没有出版。它与梦的分析有关。第三本是《性学三论》，在这里面弗洛伊德使他早先研究的神经官能症开花结果，叙述“幼儿性欲”的合逻辑理论，同时完成了他以后一辈子被人痛击的信念的主要结构。

在此大约五年以前，弗洛伊德为一个名为“杜拉”的十八岁少女作精神分析，她在十一周后就不再接受治疗了。1901年1月，他完成了杜拉的病例报告，于25日写信给弗莱斯说：“那是一个歇斯底里症的分析片断，分析环绕着两个梦而成，因此，它是《梦的解析》一书的延续。它也包括歇斯底里症症状的解答。”他还说这篇文章已经被几位编辑接受了。但是他们老是改变主意。

事情发生于1900年10月，一位富商（他曾是弗洛伊德的病人）把他的女儿杜拉带到柏格街19号。杜拉的病情是呼吸急促，咳嗽不停，而且时常昏厥。在她来维也纳以前，曾经写过自杀的留条，但是她的父亲并不怎么在意。这所有的症状被认为是神经官能症的现象，而在弗洛伊德抽丝剥茧的追问下，发病的原因已显明了。原因太多，使这个病例读起来像小说，而不像是真实的故事。

杜拉的父母婚姻不美满，是另一对怨偶（弗洛伊德称他们为K先生和K太太）的好朋友。K太太后来成为杜拉父亲的情妇，K先生想要诱奸杜拉，却没有成功。K太太和杜拉之间，有恩斯特·钟士所说的“一种温暖，却不涉及肉欲的同性恋关系”。不仅如此，虽然杜拉严拒K先生，但她对K先生、父亲以及K太太，都有压抑的性欲。

弗洛伊德解释杜拉的两个梦而揭露了性动机的复杂迷宫，这是杜拉自己都不曾察觉的。但是她在十一周后结束了分析，表面上是要使弗洛伊德难堪，但极可能是抗议他所告诉她的事情。弗洛伊德相信神经官能症的产生与“性”有关，并以此理论来解决杜拉的问题。他于1905年出版的《性学三论》中对这个见解有更详细的阐述。

《性学三论》是一本仅有八十六页的书，书中贯穿了他在1880年以来的各种发现，是一种严谨的“性发展”理论。三篇论文讨论的是：“性的神经错乱”、“幼儿性欲”和“青春期的转换”。弗洛伊德不动感情的讨论态度以及它的主题，都使当时的人感到受了冒犯。

弗洛伊德认为，幼儿的性欲有三种连续的类型。最初是“口腔活动期”，快乐源于从母亲的乳房吸取乳汁；接着是“肛门活动期”，由于抑制住粪便而产生快感；第三是“阳物崇拜时期”，呈现出“恋母情结”的乱伦幻想。然后进入潜伏期，一直到青春期。弗洛伊德在《性学三论》里没有清楚地把这三种不同的活动划分开来，后来他估计，肛门阶段大约始于两岁。而性器阶段要迟一两年才会发生。

弗洛伊德后来从两方面来演绎性本能发展的理论。第一，他主张这些不同形式的性冲动的满足与表达，抑制和升华，都支配着成年人的性格。第二，他主张，在任何一个阶段的被抑制和以后的精神失调有关系。譬如说，在口腔阶段早期的被抑制，与提早衰老性痴呆症有关；口腔阶段后期的被抑制，与忧郁症有关。肛门阶段早期受抑制则会造成偏执狂，肛门阶段后期受压抑会引起分神精神病，而性器崇拜阶段的失调，则引起歇斯底里症。

这些理论的命运各有不同。许多证据似乎支持幼儿性欲的三分法，以及被压抑的冲动与精神失调有关的假设。比较无法证实的是，早年本能的满足、压抑和升华都会影响成年人的性格。弗洛伊德的《性学三论》在某些地方受到欢迎。在英国，《英国医学杂志》几乎用了一页的篇幅来赞扬弗洛伊德，结论说："当然，如果你对作者的睿智、勇气和追求真理的无止境耐心没有深切的认识，你是不能读这些论文的。读了它们后，就不会再怀疑，为什么我们需要对逐渐揭开的性生活有全部的知识和更谨慎的引导。"

沉思中的弗洛伊德

从1905年年底开始，尽管弗洛伊德受到许多人的指责，但他的名声也在逐渐地提高。不久，他在英国、美国和瑞士又有了一小群支持者。

在英国，拥护者以恩斯特·钟士为中心，他是二十六岁的威尔士人，在伦敦大学附属医院工作。他的身材瘦小，脸部轮廓很深，只有下西洋棋和花式溜冰这两种嗜好。钟士的工作能力极高，而且一直忠诚不移地支持精神分析。1905年他读到一篇介绍弗洛伊德理论的论文，从此知道了精神分析。他非常感动，因此便开始学德文，希望能阅读弗洛伊德的原文。

结识卡尔·荣格

1900 年，二十五岁的瑞士医生卡尔·荣格，成为尤根·布罗拉的助理医生。荣格显然接受了布罗拉的推荐，读过《梦的解析》一书。他认为那是一本杰作。

精神分析在瑞士受到的支持，不仅扩展了弗洛伊德思想生根的领域，还使它被运用到更宽广的人类层面中。

荣格对弗洛伊德的浓厚兴趣起源于 1905 年，几年后荣格写道："一方面，我的科学良知不容许我让弗洛伊德的好学说被忽略；另一方面，我的良知也不容许我鼓励他的理论中所出现的荒谬主张。"他接着说："我立即怀疑，一部分穷凶极恶的性理论会使人们晕眩，我已经牺牲我的科学事业，应当尽我的努力来抵抗对精神病学的绝对贬抑。"

1906 年 4 月，荣格寄给弗洛伊德一本他新出版的《临床联想研究》。弗洛伊德曾经买过一本荣格的书，现在很热诚地回信给荣格，并相信荣格将会永远支持他的主张。

荣格曾经叙述他和弗洛伊德的首次见面，认为从任何角度来说那都是历史性的时刻。一方面，荣格身材高大、挺拔，脸上刮得干净、头发剪得很短，除了他的金边眼镜外，他简直就是德国英雄齐格飞的翻版。正如弗洛伊德的儿子马丁形容的：

“他不像一个研究科学和医学的人，倒非常像一个魁梧的战士。”另一方面，比他大二十岁的弗洛伊德，已经是一个学术领域的领袖，正在招募义勇军，急于调兵遣将送上战场。

荣格后来写道：“我们在下午一点钟见面，连续谈了十三个小时。弗洛伊德是我所遇见过的第一个真正重要的人，以我那时候的经验认为，没有任何人可以和他相比。我发现他极有智慧、精明而且令人难忘。但是我对他的第一印象仍然有些纷乱，我不能完全了解他。”

弗洛伊德相信，在布罗拉手下的瑞士人，不仅可以在瑞士扩展精神分析的使用，而且可能组织一个相当于“维也纳精神分析学会”的组织，一旦如此，将更有助于福音的传布。

弗洛伊德也已经看出，荣格这个年轻人在未来的岁月里，足堪继任为总司令。他在 1907 年春天写信给荣格说：“我现在知道，我和任何人一样都是可以替换的，除了你以外我想不到有更好的人选代替我。我有幸能认识你，去继续完成我的工作。”

背景知识

卡尔·古斯塔夫·荣格

卡尔·古斯塔夫·荣格（1875—1961），瑞士著名心理学家、精神分析学家。在世界心理学界都得到了很高的评价，是现代心理学的鼻祖之一。

1875 年 7 月 26 日生于瑞士图尔高州。少年荣格腼腆而敏感，常常与父母的信念、老师的要求相悖。他和同学相比很特别，脆弱而且容易受伤害。1902 年荣格获得苏黎世大学医学博士学位，1905 年任该校精神病学讲师。后来辞职自己开诊所。1911 年被推选为国际精神分析协会的第一任会长。后因与弗洛伊德的分歧退出国际精神分析协会，自创分析心理学。20 世纪 20 年代，曾到非洲、亚利桑那、新墨西哥等地进行几次旅行考察，开始研究种族潜意识的性质与现象，广泛考察了古代神话及祭祀仪式。1961 年去世。

卡尔 · 荣格

荣格在人格结构问题上，提出把人格分成三个层次，即意识、个人无意识和集体无意识。荣格毕生致力于人类心灵奥秘的探索。他的一生著述浩繁，他的思想博大精深，研究学贯中西。他所创立的分析心理学不仅在心理治疗中成为独树一帜的学派，而且对哲学、心理学、文化人类学、文学、艺术、宗教、伦理、教育等诸多领域产生了广泛而深刻的影响。值得一提的是，荣格对东方文化和宗教一直很感兴趣，并借用到了自己的理论当中。在他生前，曾写过几篇文章，论及心理学和东方宗教。他的涉猎很广，藏传佛教、印度瑜伽、中国的道学和《易经》、日本的禅学和东方的冥想，他都有过深入的思考。他还曾引用过中国炼金术的理论和佛教的曼陀罗图治疗过精神病。

荣格在西方的“正统”心理学中，堪称是异教徒。荣格虽然师承弗洛伊德，也确从弗洛伊德身上学到不少本事，弗洛伊德甚至私下说“荣格是天才”，初期两人都有英雄惜英雄的悸动，弗洛伊德写信给荣格时说：“如果我是摩西，你就是约书亚，将要拥有精神医学允诺之地。”但蜜月期很快过去，1912年荣格发表了《里比多的变化与象征》，与弗洛伊德产生了分歧，主要分歧在于对里比多的解释。弗洛伊德认为里比多完全是性的潜力，荣格则认为它是一种普遍的生命力，表现于生长和生殖，也表现于其他活动。由此，荣格全盘推翻了弗洛伊德的理论。

荣格曾不讳言地说，他的心理学理论，除了一部分来自“临床心理学经验”之外，另一部分则是来自外部渠道与途径，它包括了东方宗教在内的所有学问。荣格的著作《心理学与宗教：西方与东方》，算是他对禅佛学问的最佳注释。

弗洛伊德这种态度有另一个原因。精神分析必须克服的，不仅是它强调“性”所引起的反对，而且要避免创始者作为一个犹太人所招来的仇视。弗洛伊德研究精神分析的头几年，信徒几乎完全是犹太人，使他产生了矛盾的心理。后来，当精神分析的理论逐渐稳定了，弗洛伊德才敢说：“我不知道，精神分析是犹太人精神的直接产物这种说法是否正确，但如果真的这样，我也不会感到惭愧。”

布罗拉的僚属大都不是犹太人，荣格是亚利安族的理想人物，无怪乎弗洛伊德会在原则上欢迎瑞士人，尤其欢迎荣格。荣格不仅能在意识形态上支持弗洛伊德，更可以使弗洛伊德不再被人攻击为“种族主义者”。弗洛伊德写道：“亚利安族的突击队员，正是我们不可或缺的，否则精神分析将陷于反犹太主义的浪潮中。”非常可笑的是，不到十年，当荣格离开弗洛伊德的圈子，开创他自己的学派时，弗洛伊德居然痛心疾首地抱怨荣格“对我做出反犹太人的态度”。

美国对精神分析的接纳，究竟到了什么程度，仍然是一个“未知数”。因此，1908 年初，当弗洛伊德听说有一个年轻人急于把他的作品翻译为英文在北美洲出版时，感到了些许的诧异。荣格告诉他：“目前美国学界对精神分析的兴趣非常大，因此在那里出版译著，倒不是件坏事。”

那位年轻人是亚伯拉罕·布利尔。他十五岁时离开故乡奥地利，移居美国，20 世纪初曾接受精神分析医生的训练。1905 年，他去观摩维也纳的诊所，离开时，有一个年轻的奥地利人问他：“你为什么不来维也纳，向弗洛伊德学习呢？”

两年以后，在一位哥伦比亚大学教授的介绍下，布利尔进入瑞士布罗拉的手下。他说：“在布罗拉教授明智的领导以及他主要助教荣格的蓬勃精神影响下，每个人都不懈怠地工作，来实验弗洛伊德的理论。当我被任命为诊所里的常驻助手后，我更以全副精神做先锋性的工作，测验及应用弗洛伊德的理论架构。”他也开始研究荣格的“痴呆性心理学”。

下一步骤是将弗洛伊德早期的著作翻译成英文。布利尔回忆道：“那时我根本不知道这个工作的艰巨，我被一股强大的迷惑力所鼓动，它把我十几年的空暇时间全都占据了。我并没有刻意地去创造美的文学辞藻，我感兴趣的只是把这些新的观念转变为可理解的英文。”

当精神分析开始向英语世界进军时，新成立的组织中逐渐出现了分歧的意见。“维也纳精神分析学会”内有了纷争，并且和苏黎世集团间有所摩擦。弗洛伊德处理这些麻烦的态度很明智，他尽可能地对双方采取抚慰的措施。在这里以及后来那些大家各持己见却都不了解焦灼点的争执里，弗洛伊德调和了法官的严肃与和蔼可亲的人道主义气氛。只有到后来，当争论涉及他个人，当别人对他这位精神分析运动的宗师角色发出挑衅时，他才呈现出一副不同的面貌：他是一个总司令，在发现叛变的蛛丝马迹时，他也会像一个久经风霜的成熟政治家，施展出无比坚定的铁腕。

这个时候，大家正紧锣密鼓地筹划一个邀集所有对精神分析有兴趣的在职人员参与的大会。荣格提议，这次大会应该在1908年春天举行。弗洛伊德在1907年12月把这个意见大纲告诉全体会员，次年1月初，就拟定了一份正式的邀请函，上面写道："弗洛伊德学说的各地弟子，已经表示希望每年聚会一次，借以讨论实际经验和交流心得。虽然目前弗洛伊德的追随者不多，但遍布在欧洲各地。因此有人建议，我们的第一次会议，应该紧接在今年（4月22至25日）在法兰克福举行的第三届实验心理学会后举行。"

荣格成为这件事情的主要承办人，于1908年初到苏黎世去见恩斯特·钟士。钟士回忆道："我记得我劝他不要执意地把它叫作弗洛伊德式的心理学大会，因为那名称触犯了科学的客观性，但他不接受我的建议。"这时候，弗洛伊德自己却设法避免担任主席，他向荣格强调："如果由我的拥护者之中最资深和最具权威的布罗拉代替我领导这项运动，将可以在国外给人较好的印象。"荣格知道，布罗拉一定会拒绝，所以根本就没有去问。因此，虽然大家都知道弗洛伊德是支配大局的人物，但这个会议却在没有主席的情况下进行。

大会于 1908 年 4 月 27 日在萨尔斯堡举行，总共有四十二人出席：奥地利人占了半数以上，瑞士六人，德国五人，山德·法兰克基和佛·史丹因两人来自匈牙利，布利尔代表美国，来自英国的有恩斯特·钟士和他姐夫——英国的著名医生威佛瑞·特洛特。

弗洛伊德在大会上发表演说，题目是后来国际知名的病例“老鼠人”（Rat Man，患者对老鼠存有过度的恐惧）。他演讲的过程以及背景的解释，深深地吸引了他的听众。钟士叙述那时的情景说：“弗洛伊德没有带演讲稿，从 8 点钟开始讲，11 点左右，就要作结尾了。由于我们都如醉如痴地倾听他那吸引人的剖析，因此要求他继续讲下去，于是他又延长了一小时。”

在萨尔斯堡，钟士演讲“日常生活的合理自圆化”，荣格讲“痴呆症的病因”，而阿德勒讲“在生活上和神经病因上的虐待狂”。除了弗洛伊德以外，每个演讲者有半小时的演讲，接着是问题解答时间，中午休息后又继续。会议结束前，曾经讨论要设立一个国际性的组织，并且决定开始发行一本年鉴（精神分析学、精神病理学年鉴），在弗洛伊德和布罗拉的监督下，由荣格担任编辑。这个决定，使维也纳人敢怒而不敢言，他们觉得自己开始被冷落了。

早在萨尔斯堡大会以前，维也纳人和瑞士人和睦相处的可能性就很小。荣格在苏黎世对钟士说：“弗洛伊德在维也纳找不到一个举足轻重的追随者，那里都是一些‘卑贱和狂放的群众’，对他只有贬损，而没有益处！”

但是无论如何，萨尔斯堡的大会是成功了。重要标志之一是成立了“维也纳精神分析学会”。此外，大会使弗洛伊德与荣格之间起初萌发的分歧意见冰释了。弗洛伊德写道：“原来你也很高兴我们的见面……它使我的精神重振了不少，留给我一个快乐的回味。我很高兴发现你如此地朝气蓬勃，当我再看见你和了解你时，任何的怀疑和憎恨也都消失得无影无踪了。”

大会以后，精神分析不再局限于一个小小的维也纳团体。亚伯拉罕（柏林精神分析学会的创始人）在柏林努力地为主义工作。恩斯特·钟士是一个热心的精兵，准备在北美洲大声疾呼，法兰克基是在匈牙利的前哨，再加上瑞士学院进一步运用在治疗上，精神分析已经成为一个国际性的运动。此外，它已显现出左右逢源的成功特质，开始吸引一年前仍对弗洛伊德观念掉以轻心的人们。

背景知识

精神分析理论

精神分析理论属于心理动力学理论，是弗洛伊德于19世纪末20世纪初创立的。精神分析理论是现代心理学的奠基石，它的影响远不只局限于临床心理学领域，对于整个心理科学乃至西方人文科学的各个领域均有深远的影响，它的影响可与达尔文的进化论相提并论。它有以下几种基本理论：

一、精神层次理论

该理论是阐述人的精神活动，包括欲望、冲动、思维、幻想、判断、决定、情感等等，会在不同的意识层次里发生和进行。不同的意识层次包括意识、潜意识、前意识三个层次，好像深浅不同的地壳层次而存在，故称之为精神层次。

人的心理活动有些是能够被自己觉察到的，只要我们集中注意力，就会发觉内心不断有一个个观念、意象或情感流过，这种能够被自己意识到的心理活动叫作意识。而一些本能冲动、被压抑的欲望或生命力却在不知不觉的潜在境界里发生，因不符合社会道德和本人的理智，无法进入意识被个体所觉察，这种潜伏着的无法被觉察的思想、观念、欲望等心理活动被称之为潜意识。前意识乃界于意识与潜意识的层次中间，一些不愉快或痛苦的感觉、意念、回忆常被压存在下意识这个层次，一般情况下不会被个体所觉察，但当个体的控制能力松懈时比如醉酒、催眠状态或梦境中，偶尔会暂时出现在意识层次里，让个体觉察到。

二、人格结构理论

弗洛伊德认为人格结构由本我、自我、超我三部分组成。

本我即原我，是指原始的自己，包含生存所需的基本欲望、冲动和生命力。本我是一切心理能量之源，本我按快乐原则行事，它不理会社会道德和外在的行为规范，它唯一的要求是得到快乐，避免痛苦。本我的目标乃是求得个体的舒适、生存及繁殖，它是无意识的，自觉的。

自我，其德文原意即是指“自己”，是自己可意识到的执行思考、感觉、判断或记忆的部分，自我的机能是寻求“本我”的冲动以得到心理上的满足，而同时保护整个机体不受伤害，它遵循的是“现实原则”，为本我服务。

超我，是人格结构中代表理想的部分，它是个体在成长过程中通过内化道德规范，内化社会及文化环境的价值观念而形成，其机能主要在监督、批判及管束自己的行为。超我的特点是追求完美，所以它与本我一样是非现实的。超我大部分也是无意识的，超我要求自我按社会可接受的方式去满足本我，它所遵循的是“道德原则”。

三、性本能理论

弗洛伊德认为人的精神活动的能量来源于本能，本能是推动个体行为的内在动力。人类最基本的本能有两类：一类是生的本能，另一类是死亡本能或攻击本能。生的本能包括性欲本能与个体生存本能，其目的是保持种族的繁衍与个体的生存。弗洛伊德是泛性论者，在他的眼里，性欲有着广义的含意，是指人们一切追求快乐的欲望，性本能冲动是人一切心理活动的内在动力，当这种能量（弗洛伊德称之为力必多）积聚到一定程度就会造成机体的紧张，机体就要寻求途径释放能量。弗洛伊德将人的性心理发展划分为五个阶段：①口欲期，②肛门期，③性蕾欲期，④潜伏期，⑤生殖期。刚生下来的婴儿就懂得吸乳，乳头摩擦口唇黏膜引起快感，叫作口欲期性欲。一岁半以后学会自己大小便，粪块摩擦直肠肛门黏膜产生快感，叫作肛门期性欲。儿童到三岁以后懂得了两性的区别，开始对异性父母眷恋，对同性父母嫉恨，这一阶段叫性蕾欲期，其间充满复杂的矛盾和冲突，儿童会体验到俄狄浦斯情结和厄勒克特拉情结。这种感情更具性的意义，不过还只是心理上的性爱而非生理上的性爱。只有经过潜伏期到达青春期性腺成熟才有成年的性欲。成年人成熟的性欲以生殖器性交为最高满足形式，以生育繁衍后代为目的，这就进入了生殖期。弗洛伊德认为成人人格的基本组成部分在前三个发展阶段已基本形成，所以儿童的早年环境、早期经历对其成年后的人格形成起着重要的作用，许多成人的变态心理、心理冲突都可追溯到早年期创伤性经历和压抑的情结。

弗洛伊德在后期又提出了死亡本能，它是促使人类返回生命前非生命状态的力量。死亡是生命的终结，是生命的最后稳定状态，生命只有在这时才不再需要为满足生理欲望而斗争。只有在此时，生命不再有焦虑和抑郁，所以所有生命的最终目标是死亡。死亡本能派生出攻击、破坏、战争等一切毁灭行为。当它转向机体内部时，导致个体的自责，甚至自伤自杀，当它转向外部世界时，导致对他人的攻击、仇恨、谋杀等。

四、释梦理论

弗洛伊德是一个心理决定论者。他认为人类的心理活动有着严格的因果关系，没有一件事是偶然的，梦也不例外，绝不是偶然形成的联想，而是欲望的满足，在睡眠时，超我的检查松懈，潜意识中的欲望绕过抵抗，并以伪装的方式，乘机闯入意识而形成梦。可见梦是对清醒时被压抑到潜意识中的欲望的一种委婉表达。梦是通向潜意识的一条秘密通道。通过对梦的分析可以窥见人的内部心理，探究其潜意识中的欲望和冲突。通过释梦可以治疗神经症。

五、心理防御机制理论

心理防御机制是自我的一种防卫功能，很多时候，超我与本我之间，本我与现实之间，经常会有矛盾和冲突，这时人就会感到痛苦和焦虑，这时自我可以在不知不觉之中，以某种方式，调整冲突双方的关系，使超我的监察可以被接受，同时本我的欲望又可以得到某种形式的满足，从而缓和焦虑，消除痛苦，这就是自我的心理防御机制。它包括压抑、否认、投射、退行、隔离、抵消、转化、合理化、补偿、升华、幽默、反向形成等各种形式。人类在正常和病态情况下都在不自觉地运用，运用得当，可减轻痛苦，帮助渡过心理难关，防止精神崩溃，运用过度就会表现出焦虑抑郁等病态心理症状。

压抑——当一个人的某种观念、情感或冲动不能被超我接受时，就被潜抑到无意识中去，以使个体不再因之而产生焦虑、痛苦，这是一种不自觉的主动遗忘和抑制。如很多人宁愿相信自己能中六合彩而不愿想象自己出街时遇车祸的危险，其实后一种的概率远比前者大，这是一种压抑机制的不自觉运用。因为当人意识到每次出街都要面临车祸的威胁时就会感到焦虑，人为了避免焦虑故意将其遗忘。

否认——指有意或无意地拒绝承认那些不愉快的现实以保护自我的心理防御机制。如有的人听到亲人突然死亡的消息，短期内否认有此事以减免突如其来的精神打击。

投射——指个体将自己不能容忍的冲动、欲望转移到他人的身上，以免除自责的痛苦。如一个人性张力过大，做梦时都梦见另一个人与异性在发生性行为，这是自我为了逃避超我的责难，又要满足自我的需要，将自己的欲望投射到别人的身上从而得到一种解脱的心理机制。

退行——当人受到挫折无法应付时，即放弃已经学会的成熟态度和行为模式，使用以往较幼稚的方式来满足自己的欲望，这叫退行。如某些性变态病人就是如此，成年人遇到性的挫折无法满足时就用幼年性欲的方式来表达非常态的满足，例如在异性面前暴露自己的生殖器等。

隔离——将一些不快的事实或情感分隔于意识之外，以免引起精神上的不愉快，这种机制叫隔离，如人们来月经很多人都说成“来例假”，人死了叫“仙逝”、“归天”，这样说起来可以避免尴尬或悲哀。

抵消——以象征性的行为来抵消已往发生的痛苦事件，如强迫症病人固定的仪式动作常是用来抵消无意识中乱伦感情和其他痛苦体验。

转化——指精神上的痛苦，焦虑转化为躯体症状表现出来，从而避开了心理焦虑和痛苦，如歇斯底里症病人的内心焦虑或心理冲突往往以躯体化的症状表现出来，如瘫痪、失音、抽搐、晕厥、痉挛性斜颈等等。病者自己对此完全无知觉，转化的动机完全是潜意识的，是病者意识不能承认的。

补偿——是指个体利用某种方法来弥补其生理或心理上的缺陷，从而掩盖自己的自卑感和不安全感，所谓“失之东隅，收之桑榆”就是这种作用。

合理化——是个体遭受挫折时用利于自己的理由来为自己辩解，将面临的窘境加以文饰，以隐瞒自己的真实动机，从而为自己进行解脱的一种心理防御机制，如狐狸吃不到葡萄就说葡萄是酸的。

升华——指被压抑的不符合社会规范的原始冲动或欲望用符合社会要求的建设性方式表达出来的一种心理防御机制，如用跳舞、绘画、文学等形式来替代性本能冲动的发泄。

幽默——是指以幽默的语言或行为来应付紧张的情境或表达潜意识的欲望。通过幽默来表达攻击性或性欲望，可以不必担心自我或超我的抵制，在人类的幽默中关于性爱、死亡、淘汰、攻击等话题是最受人欢迎的，它们包含着大量的受压抑的思想。

反向形成——自认为不符合社会道德规范的内心欲望或冲动会引起自我和超我的抵制，表现出来会被社会惩罚或引起内心焦虑，故朝相反的途径释放，导致反向形成。如有些恐人症的病人内心是渴望接触异性的，但却偏偏表现出对异性恐惧。

第四篇 捍卫理论的斗争

一开始就给以全然的性解放，不会有结果。你不难明白，一旦情欲的满足太轻易，它便不会有什么价值可言。

——弗洛伊德

在美国克勒克大学的演讲

1908 年元月，当布利尔要求翻译弗洛伊德的作品时，荣格断言，美国对精神分析的兴趣极大。事实上那只是一种热心的夸言。兴趣的确是在增加中，但是反对的势力也很庞大。

美国新英格兰州和大西洋沿岸的城市里，许多重要的医学院在崛起，可是清教徒的礼俗仍然顽强。当然，好的方面也有，大致说来，美国的医药界人士，没有与生俱来对新观念的排斥心理。接受荷尔蒙治疗、化学疗法、电击疗法、精神外科手术以及其他治疗精神病的方法，都是美国人敢于接受新观念的实例。这些新技术起源于欧洲，但是被美国吸收、改良、修正后广泛运用。这种开明的思想与反对弗洛伊德的保守思想互相抗衡，结果是，虽然弗洛伊德的理论经常遭到攻击，但终于在医学界吸引了一些勇敢的卫士。

当20世纪的头几年，弗洛伊德理论的支持者和批评者纷纷发表意见时，有一些人小心谨慎地开始实验从维也纳横跨大西洋而来的革命性观念。有一位是詹姆斯·普特南，他是波士顿市的著名医生、哈佛大学的神经病学教授。他曾在巴黎师从沙考，在维也纳游学于梅纳特门下，在伦敦师从哈佛林·杰克生。

普特南对精神分析产生兴趣，始于1906年。那一年是精神分析在美国被接纳的关键性四年中的第一年，各种精神分析的技术已被应用到纽约州白原市的布鲁明戴尔医院。

1908年，布列尔从欧洲回到美国，他在纽约开业，成为美

20世纪初的哈佛大学

国第一位专业性的精神分析师。同年，北美洲加拿大出现了弗洛伊德的主力军，如果没有他的努力，精神分析在美国、加拿大的命运将会完全不同。

新加入者是恩斯特·钟士，弗洛伊德和他是在萨尔斯堡经人介绍而认识的。此后五十年，钟士是这个运动的忠诚执旗者，甚至比弗洛伊德本人更执着。

钟士于1908年底到达加拿大的多伦多市，主持大学的精神分析诊所。一个月后，他报告说，他将要去波士顿和纽约访问。但是他加上一项警告："我对于目前的兴趣趋势，不抱太大的希望。因为美国人是很奇怪的，他们有自己的习惯。即使表现出好奇心，也并不表示真正有兴趣。他们对于进步的态度是值得深思的。他们想要知道最新的治疗方法，但一只眼却又紧盯着金钱，只想到可以获利多少。"

1909年2月，钟士完成了首次美国之行，他写道："在这里，如果一个人一直写同样的事情，很容易被人认为是一个怪人，因为对于肤浅的美国人来说，除非是个怪人，每个主题都很容易变得乏味。如果一个人老是谈'性'问题，就会被人以偏概全地封为'性偏执狂'。因此，我要用别的主题文章来交替使用，以冲淡我谈到的'性'的主题。"

尽管1909年2月钟士有这种稍显悲观的观点，但已经有人开始安排弗洛伊德在这年的下半年去访问美国。邀请人是史丹利·何尔，自从1889年马萨诸塞州乌斯特市的克勒克大学创校时起，他就担任校长。

1908年年底，何尔写信给弗洛伊德，他说："虽然我没有认识您的荣幸，但多年来对于您的著作有极大的兴趣。我已经勤勉地拜读它们了，我对您追随者的著作也曾涉猎。”他接着问弗洛伊德是否能在他们7月间举行的二十年校庆时来访，发表四至六场的演说。他说：“我们相信，现在来发表您自己的见解与研究结果将是适逢其时的，也许在某一方面来说，精神分析在美国的发展史上，将会创下新的一页。”

但弗洛伊德拒绝了，原因是他的工作要到7月底才能结束，早一点搁下工作，会使他损失几千德国金币，而克勒克大学只答应给他四百美元补贴旅费。他对荣格说：“我并不是有钱人，损失不起五倍于补贴费的金钱，尤其只为了向美国人传播知识。”

但是，何尔在1909年2月再次写信告诉弗洛伊德，庆祝活动已延迟到9月举行，旅费已经增加到七百五十美元，并且还答应给弗洛伊德一个荣誉学位。弗洛伊德立刻接受了这个新条件下的邀请。

弗洛伊德非常明白演讲的重要性，他下定决心尽可能地避免出现任何差错，并建议法兰克基陪伴他和荣格。法兰克基答应了，他带给了弗洛伊德无限的支持力量。

他们三个人搭乘“华盛顿总统号”轮船横渡大西洋。弗洛伊德很高兴地发现，服务员正在读他的《日常生活的精神病理学》。他们三位旅客以分析彼此的梦来消磨船上的时光。

当他们抵达时，布列尔已在岸上迎接他们。两天后，钟士从多伦多赶来，于是五个人花了一星期时间观光。弗洛伊德在大都会博物馆研究希腊的古玩。在古董店时，情不自禁地买了一个中国玉碗收藏。他们参观了柯尼岛，在一个屋顶花园吃饭，并且参观了哥伦比亚大学。另外，弗洛伊德和法兰克基在一家曼哈顿区的戏院，看了生平第一次电影。

9 月 4 日，星期六的晚上，布列尔安排大家搭乘夜轮到幅尔河，那是到达乌斯特市之前的最后一段旅程。史丹利 · 何尔夫妇早已在恭候他们了。

1909 年 9 月 5 日，何尔邀请弗洛伊德为他家中的贵宾，并说："欢迎您到美国来。这里的人对您的见解有既深且广的兴趣。出席您演讲会的听众，将是各界的精英。"

校庆演讲会在以创校人左纳斯 · 克勒克命名的大厅中举行，内容包括了许多学科：数学、物理学、化学、生物学、历史学和教育学，全都有人演讲，而心理学方面共有十四场演讲，包括弗洛伊德的五场和荣格的三场。

弗洛伊德的第一场演讲在 9 月 7 日，星期二举行。但是几乎到最后一刻，他还不知道自己要说些什么。6 月间，当他和荣格谈到他们的讲题时，他们决定在横渡大西洋时才讨论。但

美国克勒克大学

头戴礼帽的弗洛伊德

是在轮船上，他们只顾分析彼此的梦。到达乌斯特以后，弗洛伊德觉得似乎应该把讲题限制在“梦”上面。但听了钟士的建议后，他们又决定把范围扩大。在这个问题上，法兰克基扮演了一个重要的角色。弗洛伊德写道：“早上，我演讲的时刻即将到来前，我们一起在校园里散步。我要法兰克基建议我在那一天应该讲些什么。于是他告诉我一个轮廓。半个小时后，我就照他的意见发表了即席演讲。”

第一天早上是最具关键性的时机。弗洛伊德后来写道：“在欧洲，我觉得自己好像被人轻视，但是在克勒克大学，我发现我被大多数人平等相待。当我踏上讲台时，好像实现了奇怪的白日梦，精神分析不再是一种谬见，它已经成为现实中有价值的一部分。”

事先未作周全的准备也有好处，演讲开始前的最后一刻，他决定发表一个开门见山而没有多少学术性兼术语性的演说，来解释精神分析的发展原因。这次演讲不仅在克勒克大学被听众热烈地接受，甚至于精神分析从早前的简单观念演进到一个由许多不同且时有争执的信念与理论所构建的迷宫的今天，仍受到人们的欢迎。这次的演讲等于是这门科学的最佳大纲。

在第二天的演讲中，弗洛伊德解释了他为什么放弃催眠术，而发展布劳尔的方法。他叙述“压抑”与“阻抗”，阐述布劳尔的技术成长为精神分析的过程，并以《歇斯底里的研究》中的一个病例作范例。

只有在第四次演讲时，他才谈到复杂的“性”问题，尤其是“幼儿性欲”。

最后一次的演讲中，他很快地介绍了“情感转移”的问题，然后谈到成功地精神分析可能导致的三种结果：第一，一旦被抑制的潜意识带到表层时，我们就能成功地掌握它；第二，它可以升华为不同而更有用的目的；第三，只要“某部分被压抑的性冲动”被带到意识内，它们就可以为人们所享受。他总结时说：“我在这里，必须感谢诸位的邀请，以及听讲时的专注。”

1909 年，几位心理学家在克勒克大学。前排左起：弗洛伊德、霍尔、荣格，后排左起：布里尔、琼斯、费伦奇

背景知识

美国克勒克大学

克勒克大学，位于美国马萨诸塞州乌斯特市，成立于1887年，是一所小型贵族大学。该校崇尚“小班教学”，平均每班上课人数仅为二十五人。它的心理和地理两科是举国知名的，“Heinz Werner Institute”是全美数一数二的心理学学院；而它颁发的地理学博士，则是全美各大学中之冠。其他较佳的学科有历史和理科。学生选修最多的学科，分别是社会科（40%）、心理学（17%）、生命科学（11%）、视觉及演艺（7%）。

该校曾被《美国新闻与世界报道》评为二级国家级大学，全美学术排名第一百零七位。《纽约时报大学指南》给予它四颗星的学术评价。

9月10日的晚上，弗洛伊德和荣格都得到了荣誉博士学位。典礼包括“许多的仪式和华丽的服装，有各式各样红色和黑色的袍子以及带金穗的方帽子……”介绍弗洛伊德的赞辞如下：“维也纳大学的西格蒙德·弗洛伊德，一种学术上的新方法和成就的创始人，性心理学、心理治疗学和精神分析学的领袖，也是法律博士。”他显然被这场面所感动，他在简短的感谢辞上说：“这是我的事业第一次被正式承认。”

毫无疑问，弗洛伊德的此次出征是成功的。除了何尔以外，很少有大学校长会冒名声受损之险，去邀请弗洛伊德。值得注意的是，耶鲁大学和哈佛大学连非正式的邀请函都没有发出，而弗洛伊德只是以一个普通游客的身份去参观哥伦比亚大学。但是，1909 年 9 月以后，情形开始慢慢地改变，不仅是因为弗洛伊德对他的听众产生了影响，也因为报纸杂志把他和他的工作介绍给了一般大众。

弗洛伊德一行人将于 9 月 21 日启程回欧洲，离开维也纳以前，弗洛伊德曾经说过，他很想欣赏尼亚加拉瀑布，在剩余的一周假期并且有导游的旅行中，他终于大饱眼福。可是发生了一段小插曲：在“风穴”（那里可以登上水珠四溅的栏杆，从一个特别的角度看万马奔腾般泻下的水势）时，弗洛伊德和大家走在一起，导游却拦住其他的旅客说：“让老年人先走。”五十三岁的弗洛伊德虽然不太高兴，但他仍保持着出门游玩的雅兴。

弗洛伊德寄了一张瀑布风景明信片给女儿苏菲，然后越过加拿大，大家合寄一张致候卡给布列尔太太，上面签了“亚伯、

尼亚加拉大瀑布

弗洛伊德、法兰克基、荣格”的名字。

离开尼亚加拉瀑布后，他们前往阿德隆德克，那里将有四十多人聚集。普特南的营地位于纽约州可依尼谷巨人山的山麓，于1875年由普特南本人和波士顿的医生朋友们建造。长长的木屋建造在一块空地上，前面是一条湍急的溪流，有些屋子已经装饰好了，宾客住在不寻常的豪华与朴素感相混合的建筑物中。

9月16日，普特南营地的记事本上记载：“普特南博士从波士顿抵达，路易莎·理查逊和安妮·普特南小姐，以及三位外国博士于15日从宁静湖抵达。”招待人员有一点搞不清楚来宾的国籍。弗洛伊德是奥地利人，荣格是瑞士人，法兰克基是匈牙利人，他们却发现屋里挂着德国的国旗。

那天晚餐后，荣格唱德文歌，有一位来宾以钢琴伴奏。有两个人教弗洛伊德和法兰克基玩西洋棋。大家心情都很轻松，尽情地享受。

弗洛伊德于10月2日回到维也纳，对这次美国之行感到很满意。他现在知道，精神分析在美国不会再遭忽视，反对的情况的确比他想象的要少，这可能是由于恩斯特·钟士准备工作做得好。但如果不是在克勒克大学的一番演讲，这项“主义”不可能安全地渡过美国这道分水岭。

1910年初，钟士在美国心理学协会前宣读了一篇精神分析的论文，几个月后他成为美国精神病理学协会的创始人之一。翌年，布列尔创始纽约精神分析学会；同时，钟士为散布在全美其他地方的分析师而创设美国精神分析协会。当精神分析开始蓬勃发展时，普特南更提供了稳固的支持，他的地位崇高，美国人都唯他马首是瞻。

“国际精神分析协会”的成立

柏格街19号的日程表是非常规律而且几乎不可能变更的。弗洛伊德早上7点钟起床，他的理发师就为他修剪头发和胡须。早餐后，8点钟开始上五十五分钟一节的精神顾问课，一直持续到下午1点钟吃午餐，每节中间有五分钟休息。午饭后休息时间，他会在散步时去补充雪茄——每天固定吸二十根。下午3点他再度开始工作，一直工作到9点钟或更晚。晚餐后又有短程的散步，然后回到书房去写作或回信。

家居时的弗洛伊德

以独处的方式结束一天的工作是很重要的。弗洛伊德像一位战区司令官一样，相信聪明的指挥官“应该依照建议，于晚上吃完饭后回到他的营帐，以便有单独的时间去安静反省”。

星期天，他会到母亲住处，与她共进午餐。晚上，他母亲则经常由女儿陪同，到柏格街 19 号进餐。周末，可能有同事来访或和孩子们去散步。总之，凡事都依计划而行。

弗洛伊德正在致力完善“国际精神分析学会”这个组织，他希望能指导精神分析使之发展于全世界，并且能受他的控制。这个主意曾经由他、荣格、法兰克基和钟士等人在克勒克大学的庆祝会上讨论过。原则上他们都同意由前一年曾经组织过萨尔斯堡大会的荣格负责安排一个 1910 年的大会，并在会后使国际性的精神分析协会，取代原来的“学会”，而成为一个永久性的机构。钟士后来回忆道：“如果一定要我指出，我们之间是谁领导着新协会章程的拟订，我应该说是法兰克基，因为当大会开始后，他也是推动方案必需的人！”

但是无论如何，钟士本人是设立那个组织的一种主要影响力，后来他曾担任会长许多年。在乌斯特，弗洛伊德注意到，钟士曾经怀疑自己在这逐渐成长的运动中究竟该扮演什么样的角色，但这种疑虑在 1910 年春天已经完全消除了。钟士写信给弗洛伊德，告诉他说：“大约七八个月以前，我决定不仅以我所有的力量和办法来继续推行精神分析学说，而且还要以您个人所决定的任何办法来推行它，并且尽可能地完全遵照您的建议去做。”

现在所有的事情都已就绪，等待着弗洛伊德的是创建这个组织——必要时他可以在幕后发号施令。他的动机是可以想象得到的。作为一种新治疗法的创始人，他自然想要维持他的领袖地位，那是他二十年来向上努力的回报；作为一种运动或一个主义的创始人，他有近乎宗教的信念，他有义务保持不容置疑的控制权。

在一封致布罗拉的私人函中，他又向前走了一步。他说："我认为有必要创设一个组织，这个组织应该有一个中央机构可以执行对外政策，并且发布权威的消息，告知世人什么是精神分析可行的措施。"

20 世纪的头十年，精神分析在欧洲的学术界只得到一个小小的桥头堡——瑞士苏黎世布罗拉的伯赫兹医院。如果要实现弗洛伊德所希望的目标，那个桥头堡必须要扩大。在未来的岁月中，精神分析必须包含在发展的学术中，才不致仍是一个孤立的信念或实践的小岛屿。

弗洛伊德知道，要使全世界接纳他的理论，奋斗将是漫长而困难的。不过，在 1910 年 3 月于纽伦堡举行的大会上，却会

20 世纪初的纽伦堡

有一个令人振奋的消息。他对未来的希望，将通过演讲《谈精神分析治疗与未来的展望》表现出来。

但是在纽伦堡，弗洛伊德脑海中所想的都是如何创设一个他能控制的国际性组织。因此，如何推广精神分析使其成为治疗上的新方法的主题几乎被掩盖了。他开始相信两件事情：第一，精神分析被认为是“犹太人观念”所造成的发展上的阻碍，不亚于被认为是“色情玩意”所招致的排斥；第二，现在必须要有一个有胆识的领袖人物，不受他在20世纪初期所招致的批评与重压束缚。

弗洛伊德非常不相信一般人的能力，因此他不采用在科学社会里习惯的民主态度。他希望出现一个杰出的“领袖”来领导精神分析学会的分支学会和会员的行为。此外，他更希望那领袖居于永久性的地位。

在弗洛伊德的心目中，只有一个候选人可以当那个“帝王”，那就是荣格。虽然在世人的眼中他是和维也纳犹太人抗衡的力量。然而弗洛伊德认为，自己可以在他身上施行必要的影响和控制。

弗洛伊德到达纽伦堡，那里云集了五十余位精神分析师，主要的目的在于提拔荣格，但时机却没有成熟。尽管布罗拉和荣格逐渐不和，但瑞士派的这个集团的确可以和维也纳的集团相抗衡，所以在这个时候，维也纳人不可能帮助荣格升上那个宝座。但是，法兰克基这位匈牙利人，却愿意在奥地利和瑞士之间发生的任何不愉快中充当调和人角色；他还建议在纽伦堡建立国际精神分析协会，并以荣格为永久会长，赋予特殊的权力：委任及革除精神分析师、审核会员们所撰写的关于精神分析的文章内容。法兰克基讲了许多支持荣格的话，却引起了威廉·史铁喀尔的抗议。

大会并没有留下讨论的所有记录，但是从口角发生、主席宣布休会持续到第二天这些事实看来，当时的火药味一定很浓。复会以前，维也纳的出席者由史铁喀尔召集到他旅社的房间开会，他们没有邀请弗洛伊德参加。

最后，各方终于达成了妥协。决定取消出版前的审核稿件权，再者，虽然会长应该由荣格担任，但是那并非终生职务，而是只有两年。

1910 年 4 月 6 日，“维也纳精神分析学会的会员”聚会时，维也纳和瑞士两派之间又呈现不和。弗洛伊德指出，维也纳学会必须比照国际协会的要求。又说直到现在，维也纳的会员们一直是他的上宾，但是以后将不能再如此了，他们必须订立规程，在别的地方正式聚会，并且选举一位会长（后来由阿德勒当选）。

弗洛伊德和女儿安娜在散步

精神分析主义正在蓬勃发展，弗洛伊德以一种开阔乐观的精神，开始准备一个大会，并希望能吸引美国人。因此，他和其他会员都认为会议应该在 1911 年秋天举行，因为，秋天比春天更适合远道的宾客。

钟士留在加拿大的多伦

多，因为他能够为美国代表出席1911年秋季的大会铺路。首先有人提出罗卡诺为大会地点，但是后来决议在威玛，于是第三届大会于9月举行，地点就在威玛。美国队伍包括布列尔、阿梅斯、何因可女士，最重要的是詹姆斯·普特南也参加了。他的出席，使大会增色不少。

1911年8月和9月初，弗洛伊德和家人到阿尔卑斯山的波尔查诺度假。接着启程到威玛，路经苏黎世和荣格见面。荣格请弗洛伊德去他在柯斯纳何的家，而普特南已经在那里做客了。

和阿德勒等人的矛盾

大会在威玛最好的旅社里举行。出席者有荷兰、瑞典和德国的代表，以及奥地利、瑞士和美国的会员。在威玛唯一投下的阴影是弗洛伊德和普特南之间初期出现的分歧。但两个人仍然维持坚固的友谊，直到普特南1918年去世。

普特南对于精神分析始终未存二心，弗洛伊德也从未怀疑这位美国人对他的支持。他在读完了普特南的论文《谈轻型神经病的病原和治疗》以后，宣称他从来没有对自己感到这么骄傲和满意。他对普特南说："你使我深信，我并没有白活和白费功夫，因为像你这样的人可以见证，我以无数痛苦和折磨而得到的观念思想，不会如云雾消散。我还能希望别的什么呢？"

虽然弗洛伊德和普特南的分歧直接影响精神分析的前途，但他们却没有互相仇恨，这并不是因为他们两个人大部分时候都相隔着一个大西洋，而是因为弗洛伊德和普特南之间没有私人争夺地位或权力的恩怨。再者，弗洛伊德也需要在美国医药界保有一位大使。

阿弗瑞·阿德勒和弗洛伊德的决裂，发生于威玛大会后几个星期。争执的动机非常多，枝节牵连也很广，有时候两人的抗衡并非“是”与“非”之争，而是“各人有各人的道理”。

阿德勒小时候患了软骨症，四岁以后才会走路，而且由于行动不便，出了两次车祸。他的经历使他不以为“性”是精神问题的症结，却认为“追求权力”才是生命的主流，而且他以为“自卑情结”是人类奋斗的基础。

他们还有别的不同。弗洛伊德一直保持犹太人的信仰，而阿德勒则改信基督教，以抗议犹太信仰造成的精神孤绝。弗洛伊德不仅在医疗上，而且在教学上都一直叮嘱医生和病人应该在情感上保持拒离，如果病人的问题要获得解决，势必要有不动感情、具有客观而崇高精神的分析师帮助，阿德勒却以和病人成为朋友的方式进行治疗。

弗洛伊德发展了二十多年的理论，和阿德勒花了大约一半时间所提出的理论的基本不同点是很明显的。弗洛伊德相信，神经官能症起源于性发展的不适应；而阿德勒则认为，它们代表对劣等精神或身体特质的补偿。

阿德勒和弗洛伊德的理论根本是南辕北辙。如果维也纳精神分析学会和国际性团体主要的目标是追求真理，那倒也没有问题。但是国际协会的目标却是推广“由弗洛伊德创设的精神分析学”，维也纳分会也不例外。因此，阿德勒辞职之举就势在必行了。

阿德勒被击败了，学会在1911年3月1日的日志上写道：阿德勒辞去会长之职是因为“他的科学论点和他在学会地位互相矛盾……史铁喀尔也随他而去”。

有两件事情是毫无疑问的：一是弗洛伊德控制了全盘的活动；二是他强迫阿德勒辞职。

学会经过暑假的休会后第一次开会，有好几个人和阿德勒一起退出。汉斯·沙克斯叙述道：“这些人不一定和阿德勒有同样的看法，他们这么决定是因为他们觉得弗洛伊德的做法违反了‘科学的自由’。极可能弗洛伊德的凶恶批评和与阿德勒的决裂，破坏了和平的气氛，使他们认为阿德勒所抱怨的无法忍受是不错的。”

弗洛伊德不承认事情牵涉了科学的自由。他在第二天，也就是1911年10月12日写信给荣格说：“我在战斗和胜利后已相当疲倦。现在我要告诉你，昨天我强迫阿德勒党（六个人）从学会中退出。我很严厉，但是我不认为我做得不公平。”

阿德勒于1911年秋天退出后不久，就和他的支持者设立了“自由精神分析研究学会”。后来又将组织改为“个体心理学学会”。

弗洛伊德相信阿德勒的活动使精神分析面临着真正的大危险，并认为他能把敌人抛到他所谓的“外面的黑暗”是一个胜利。但他没有发觉的是：对于一些人——也许很多人来说——他对待阿德勒以及后来其他的持异议者的方式，与他在十年前自己遭遇的不可思议的反对非常相似。

汉斯·沙克斯说："弗洛伊德专注于精神分析，以一种稳定而耗油的火焰燃烧。像每一种其他的信仰一样，它强加在相信者身上并严格地限制和规定。每件事情，小至每天例行工作的细节，大至举足轻重的决定，都受到他的支配。"

在阿德勒事件上，弗洛伊德得了一个报应：阿德勒并没有在"外面的黑暗"中枯萎，相反地，不久后，阿德勒发起的每周聚会，呈现出将变为一个真正的精神治疗运动核心的迹象，这种发展迅速成为困窘弗洛伊德的事情，使他不得不采取防范措施。

阿弗雷德·阿德勒

弗洛伊德和史铁喀尔在年初爆发的意见分歧，一直蔓延到秋天。史铁喀尔对弗洛伊德说："在巨人肩上的矮子，可以看得比巨人远。"弗洛伊德反唇相讥说："那可能不错，但是在天文学家身上的虱子却不是如此。"

1911年11月初，史铁喀尔退出维也纳精神分析学会，但是他无意卸下会刊的编辑工作。实际上，弗洛伊德是该刊的总负责人，后来钟士问他："为什么你不行使权力去任命另外一个编辑?"钟士写道："弗洛伊德告诉我，史铁喀尔对出版商的影响力太大了，这极可能使他宁愿撤退，而不愿公开地战斗。"弗洛伊德亲口告诉普特南说："史铁喀尔的背叛，迫使我放弃会刊。"

毫无疑问，弗洛伊德最不愿意做的事就是和阿德勒妥协。

但是，阿德勒和史铁喀尔仍在主持《精神分析学中央学刊》的编务工作。弗洛伊德坦白地对荣格说："自然，我只有等待机会把他们两个人撵走，但是他们都小心翼翼地保持友善的态度，所以我目前也拿他们没办法。我当然更牢牢地盯着他们，但是他们好像若无其事，其实我内心里早已和他们一刀两断了。"

表面上弗洛伊德"有些勉强地同意"荣格再担任会长。但是在给荣格的信上，他却是另一种情境，他说："我已经决定把大权重新掌握在自己的手中，我说到做到，要好好地盯牢他们。"

背景知识

阿弗雷德·阿德勒

阿弗雷德·阿德勒，奥地利著名的心理学家，是人本主义理论的最早提出者之一。

阿德勒于1870年出生于维也纳郊区一个中产阶级犹太人家庭，但富裕的家庭条件并没有给他带来快乐的童年。在他的记忆中，他的童年生活是不幸与多灾多难的。他自己曾说他的童年生活笼罩着对死的恐惧和对自己的虚弱而感到的愤怒。他在弟兄中排行第二，长相既矮又丑，幼年时患软骨病，身体活动不便，四岁才会走路。又患佝偻病，无法进行体育活动。在身体健康的哥哥面前他总感到自惭形秽，觉得自己又小又丑，样样不如别人。他还出了两次车祸。五岁时，他患了严重的肺炎，甚至连他的家庭医生也对他绝望了。然而，几天后病情却意外地好转。从此他想当一名医生。在后来的回忆中，他曾说自己的生活目标就是要克服儿童时期对死亡的恐惧。进学校读书以后，开始他的成绩很差，以致老师觉得他明显不具备从事其他工作的能力，因而向他的父母建议及早训练他做个鞋匠才是明智之举。

不过在一些小事上，我们还是能看到他不甘人后的一面。他曾自述过一件小事："我记得走往学校的小路上要经过一座公墓。每次走过公墓我都很惊恐，每走一步都觉得心惊胆颤，然而看到别的孩子走过公墓却毫不在意，自己感到十分困惑不解。我常因自己比别人胆小而苦恼。一天，我决心要克服这种怕死的恐惧，采用了一种使自己坚强起来的办法。我在放学时故意落在别的同学后面而间隔了一段距离，把书包放在公墓墙壁附近的草地上，然后多次地来回穿过公墓，直到我感到克服了恐惧为止。"另外，阿德勒一直是一个合群的孩子，与同伴玩时被人所接受的感觉使他感到高兴和满足。

1895 年，阿德勒获得维也纳大学医学学位，成为眼科和内科医生。1900 年，弗洛伊德的《梦的解析》出版后，他读到了此书，并对其深有好感。他认为此书对于了解人性有很大的贡献。于是他在维也纳一本著名的刊物上著文为弗洛伊德的观点做辩护。或许正是这一缘故，当 1902 年弗洛伊德着手建立小组织——"周三心理学会"后不久，阿德勒就被邀请加入，成为弗洛伊德最早的同事之一。鉴于阿德勒在这个小群体中智力最为出众，弗洛伊德对其倍加赞誉，也非常信任。1910 年，在弗洛伊德的推荐下，他成为维也纳精神分析协会第一任会长，并负责该协会会刊的编务。但是，两人之间的关系其实在一开始就潜伏着有朝一日会分裂的危机。阿德勒从一开始就不是弗洛伊德的忠实信徒，两人之间也从未建立起亲密的个人关系。正如著名心理学家墨菲所指出的那样，阿德勒显然一开始就认为自己是弗洛伊德这位大师的年轻同事而不是弟子，而弗洛伊德则把阿德勒看作自己的信徒和门生，他不能容忍他心目中的弟子对他的学说有任何怀疑和偏离。1907 年，阿德勒发表了一篇论述由身体缺陷引起的自卑感及其补偿的论文并获得了很大的声誉，此时弗洛伊德还认为阿德勒的观点是对精神分析学的一大贡献。但是，当阿德勒进一步发展自己的观点并认为补偿作用是理论的中心思想时，弗洛伊德便不能容忍了。两人在理论方面的分歧越来越大。1911 年，阿德勒连续发表三篇文章，阐述他对精神分析性倾向的反对。两人的矛盾激化，最后阿德勒辞去协会会长之职，率领他的几个追随者退出了维也纳精神分析协会，另组织了“自由精神分析研究会”，鉴于“精神分析”一词已为弗洛伊德使用了，1912 年，他又把组织名字改为“个体心理学学会”。从那时起，阿德勒便致力于发展和完善他的“个体心理学”理论体系。

一战期间，阿德勒曾在奥国军队当军医。以后，他又曾在维也纳的教育机构中从事儿童辅导工作。到 20 世纪 20 年代，阿德勒已是声名远播的人物了。1926 年，阿德勒应邀访美，并受到了热烈的欢迎；1927 年，担任哥伦比亚大学教授；1932 年出任纽约长岛医学院教授；1934 年他决定在美国定居；1937 年，他应聘赴欧洲讲学，过度劳累使他的心脏病突发而死在苏格兰阿伯登市的街道上。

“思想是从生活中孕育出来的。”这句话并不一定适用于所有人，但用在阿德勒身上却是极其贴切的。我们透过他的生平可以明了他的几乎所有重要观点之来源。

阿德勒的观点对后来心理学的发展影响颇大。许多著名心理学家如阿尔伯特、勒温、马斯洛都对他与他的观点表示了好感。1970 年，马斯洛曾说："在我看来，阿德勒一年比一年显得正确。随着事实的积累，这些事实对他关于人的形象的看法给以越来越强有力的支持。"

他的主要著作有：《神经症的性格》、《器官缺陷及其心理补偿的研究》、《理解人类本性》、《个体心理学的实践与理论》、《生活的科学》、《生活对你应有的意义》（又译《超越自卑》或《挑战自卑》）、《神经症问题》等。

阿德勒被誉为个体心理学的创始人，人本主义心理学的先驱，现代自我心理学之父；精神分析学派内部第一个反对弗洛伊德的心理学体系的开拓者。他由生物学定向的本我转向社会文化定向的自我心理学。对后来西方心理学的发展具有重要的意义。

与卡尔·荣格决裂

到 1912 年秋天为止，弗洛伊德已经成功地击败了首度想要向他权威挑战的阿德勒。现在，他正在掌权并决定要一直如此。他的星座正在升起，他的追随者和家人都知道这个事实。但是连弗洛伊德自己都不觉得与阿德勒的争执令人快乐。阿德勒的确已经被迫弃船而逃，但他并没有葬身海底。"个人心理学"

不至于玷污弗洛伊德的名誉，也不能破坏“弗洛伊德用来治疗和说服人的坚强职业”背景。可实际上，阿德勒还是很好地生存了下去。而且，阿德勒的表现已经告诉人，他仍会继续生存下去。

现在，事情已经愈来愈明显，弗洛伊德将要处理一个更为重要的反叛事件：那就是他的“皇太子”兼总参谋长卡尔·荣格的背叛。当然，他们的分歧与决裂有一个深化的过程。

弗洛伊德和荣格早期通信和见面时曾经有过的分歧很快就消失了，而且有很长一段时间没有再出现。

1910 年，第二次国际精神分析大会后不久，弗洛伊德写给费斯特的信中已经表达得很清楚。他说：“我希望你同意纽伦堡的决定，诚心地拥护我们的荣格，我想使他获得一种权威，使他能名正言顺地领导整个运动。”

1911 年秋天，弗洛伊德仍然认为荣格不但是胜利的策划者，而且是他自己年迈或死亡后接替掌权的“皇太子”。

以荣格自己来说，他毫不犹豫地扮演着弗洛伊德交给他的角色。事实上，有时候荣格给人的印象是，他当之无愧地享受着特权。但是尽管有许多环节联系着这两位有地位的人，彼此忠诚于基本上相同的主义，但还有许多因素与力量即将使他们分道扬镳，正面相撞。表面上荣格对于弗洛伊德的信念已作了新的解释，他贬损弗洛伊德一向强调的“性”的重要性。弗洛伊德渐渐发现荣格的骨子里有一股偏见，并同时发现荣格有“外邦人的优越感”。

由此可知，他们两人的冲突起源于许多复杂因　　—包括职业的和个人的，两人都认为自己的动机是无瑕疵的，以致情况更趋复杂。最后，弗洛伊德因为自己的领袖地位遭到挑战而发怒，使得冲突更加激烈。

1912 年 5 月底，弗洛伊德收到一封荣格写的信，充满了牢骚之词。于是弗洛伊德在一封给钟士的信中，透露出他的新态度。他告诉钟士："荣格的信不能被'解释为我们友谊关系的正式否认'，我很难过，倒不是因为个人的利益，而是为协会和精神分析主义的前途着急。但是我决定让事情顺其自然，不再设法影响他了。精神分析已不再是我自己的事情，与你和许多其他人也息息相关！"

阿德勒已经带着一大群不愉快的维也纳学会的人走了，史铁喀尔也随其后而去。大家很容易发现，荣格是一个比任何其他变节者更难以克服的人物，他不久就会树立起自己的旗帜。因此，钟士提议成立一个核心小圈子，组成一个委员会，使弗洛伊德可以经常和它的成员们讨论国际组织的事务。而成员们必须同意在未经全体讨论以前，不宣布任何与精神分析的理论或实务相去甚远的改革。

钟士在创造以后所谓的"核心小圈子"时，究竟扮演了什么样角色，已不得而知。唯一可知的是，他在想出这个主意后不久，写信给弗洛伊德说："设计一个联合的小团体，好像查理曼大帝的武士一般，保卫着他们主人的帝国和政策。这种想法是我自己的浪漫主义产物。在我向您陈述以前，我不敢和别人讨论这件事情。"但是，钟士在四十年后写道："我事前曾和法兰克基及兰克讨论过。"

1912 年 7 月 30 日，钟士写信给弗洛伊德。他说："我不禁希望环绕在您周围的诸般大事，都更能令人满意。"他继续说：

“在维也纳，已经有人表示，希望您全权挑选一些人组织个小团体，代表不含有私人企图的纯正理论，从而在协会里建立起一个非正式的内圈，作为初学者学习的中心。”

弗洛伊德立刻回答，他很喜欢这个主意，因为它至少可让他挽回一些在纽伦堡失去的控制权。

钟士在建议设立委员会时，脑筋里想到的只是他所看见的荣格和弗洛伊德之间日益增大的裂痕。但是钟士自己也免不了受人怀疑。在他献计给弗洛伊德后不久，弗洛伊德接到一封法兰克基的信。信中说：“我从来没有像现在那么清楚过，精神分析对于天生的犹太人是多么重要……您必须经常仔细地看住钟士，免得他临阵脱逃！”

荣格就在这种渐增的不信任背景下，于早秋时离开了苏黎世，第二次前往美国。布伦克斯的基督教福德漠大学邀请他，他在那里向将近一百位精神病医生发表了九次关于“精神分析理论”的演讲。

荣格的讲词里，贬低了弗洛伊德所认为的一些精神分析的中心教条。而这些讲演使他获得了个人的声名。《纽约时报》的一位记者曾访问他，并刊登了一篇五千字的文章，占了一页的五分之四版面。

荣格在纽约受到了鼓励。显然，他根本不以离开弗洛伊德的阵营为羞耻。他准备回欧洲后，充分地解释他的立场。他写给弗洛伊德一封非常傲慢的信：“当然，在我的演讲中，我也谈到我对精神分析现存的观念有着不同的看法，尤其是关于性欲冲动的理论。我发现，我的精神分析见解已赢得了很多人的支持，直到现在他们仍为精神病的性问题困惑不已……”荣格又接着击打了弗洛伊德的伤痛处，他说：“一旦我的论文出版了，我将很高兴地送你一本，希望你能慢慢地接受我对性欲冲动的一些见解。只要你对我们的共同事业采取一种客观的看法，我觉得没有必要使你失望……”

1912 年 10 月 18 日，荣格写了一封信给弗洛伊德，从每个角度来看，这两个人的关系已告结束。荣格承认他对弗洛伊德的感情很矛盾，信中说：“无论如何，我要指出，你以对待病人的做法来对待你的学生们，这是极大的错误！在这种方式下，成长的人不是奴隶的子民，就是卑鄙的傀儡（阿德勒和史铁喀尔，以及粗野的一帮人正在维也纳兴风作浪）。我非常客观地看破了你的小把戏。你到处走动，危言耸听地说你周围的人都有病，因此使每个人都变成你的儿女，羞愧地承认自己的错误。同时，你维持高高在上的地位，使自己好像威风凛凛的父亲。为了迎合你，没有人敢拔老虎嘴上的毛。”

接下去有许多相似的指责，荣格在信尾写道：“尽管我有自己的见解，我将继续公开地支持你。但是在私底下，我将陆续地写信告诉你我对你真正的看法。我认为这个步骤极为高尚。无疑地，你会为这种特殊的友谊表达方式发怒，但是它对你仍是有好处的，祝福你。”

弗洛伊德的回信不曾显出一丝愤怒。相反地，我们读了弗洛伊德自认为比较高层面的平静回信后，不得不认为，终于按捺不住性子的荣格，恰恰做了弗洛伊德所希望他去做的事情。弗洛伊德是这么写的：“我们精神分析家之间有一个习惯，没有任何人需要为他自己的神经质感到羞耻。但是一个人行为不正常时，如果一直自称他是正常的，那就难免使人怀疑——他对自己的疾病缺少认识。因此，我建议我们应完全放弃彼此的私人关系。这样的分手，将不会使我失去什么。因为，长久以来我和你的唯一感情连系，就只是一条细线——过去失望的延续效应，而你可以得到许多东西，因为你最近不是曾在慕尼黑表示‘你和我的密切关系，会抑制住你在科学上的自由’吗?”

弗洛伊德写给荣格的另一封信还被保存着，那很可能是他写给他以前的“皇太子”的最后一封信。

荣格 1913 年 8 月份时参加在伦敦举行的第十七届国际医学大会，他在一连串的演讲中勾画出他的立场，为他的观念取名为“分析心理学”，正好和弗洛伊德的“精神分析”分庭抗礼。他说：“精神分析理论，应该要免去纯粹的性观点！为了取代它，我想要介绍一种‘唯能说’的观点。”而在梦的解析方面，他发现自己“完全同意阿德勒的看法”，换句话说，完全不同意弗洛伊德的看法。

荣格仍是国际精神分析协会的会长。弗洛伊德心里明白，在 1914 年的大会以后，他得做些事来对付荣格。弗洛伊德心里也知道，情况不太乐观。他在 1913 年 11 月 17 日向钟士倾诉道：“我们大部分人都寄望荣格做些傻事毁掉他自己！如果他聪明的话，我们就没有机会了。”五天后，他重复自己的见解，他说：“我们知道，荣格的立场非常坚定，我们的希望仍是他会毁了他自己。由于他在英国和美国的影响，你必须去打击他，但这可能是一场漫长而艰苦的斗争!”

弗洛伊德和荣格周旋时，在个人的感情和职业的感觉上纠缠不清。他写信给普特南说：“我的经验告诉我，在一门科学的发展中，理论的分歧是不可避免的，甚至错误也可能包含着进步的因素。但是这些分离和理论的创新，势必会对个人的心理造成许多的伤害!”

1912 年底，弗洛伊德开始为《年鉴》的下一期写一篇他自称“势必引起争论”的文章：《论精神分析运动史》。标准版的编者詹姆斯·史特其说：“它的目的是，清晰陈述精神分析的基本假说和立论，证明阿德勒和荣格的理论完全不能和它们相比。如果他们那些矛盾的见解也被冠以同样的名称，只会使人们迷惑……”

荣格在雕刻石头

1914 年 4 月 20 日，荣格终于辞去会长的职务。他的理由含糊不清，但是钟士相信他的辞职是承认了“他的地位和能力不相配”。很可能他已经听到弗洛伊德正在写《精神分析运动史》的消息。弗洛伊德欣喜若狂，他写信给亚伯拉罕说：“相信你们一定和我一样地诧异，荣格为何会照我们的心愿出此下策？我们的苦心的确没有白费，无论如何，我们一定要摆脱他，甚至是整个瑞士派的人。”

但是荣格仍然是协会的会员，他正要去访问英国。弗洛伊德曾告诉钟士，他已经对宽大和仁慈感到厌烦，正在焦急地等待炸弹爆炸。他对钟士说：“我不奢望能立刻成功，但却要不断地奋斗。”

三个星期之内，炸弹的确发生了效果。荣格辞职了，并且肯定地说，苏黎世的精神分析师，没有一个会出席预定 1914 年 9 月在德勒斯登举行的会议。弗洛伊德在 1914 年 7 月 18 日写信给亚伯拉罕说：“我不能抑制我的喜悦。”四天以后，苏黎世集团投票，以十五比一的票数通过撤出国际协会，理由之一是“国际协会危害了我们的独立研究”。

弗洛伊德早在1914年夏天达到主要目标以前，就已经决定了他的下一步棋。荣格辞职时，他就写信给六个欧洲分会的会长，建议第五届大会的安排应该暂时停止。同时，应该选出一位代理会长，他自己的选择是亚伯拉罕。表面上，弗洛伊德大获全胜。“理想的决裂”已经达到了，对于国际组织的控制权现在终于回到他手中，而委员会的成员拱卫在他左右，忠心耿耿地使事情不出现任何差错。弗洛伊德的未来似乎已获得保障。

1914年夏天，潜在的“荣格教皇”问题似乎已经合理地解决了。但是，国际大会只是一个意见的论坛而已，荣格已经开始建立他自己的学术权威。虽然荣格受到弗洛伊德的诋毁，他却在英国的亚伯丁，向英国医学协会年会演讲“潜意识在精神病理学上的重要性”，他感谢弗洛伊德唤起大家对梦的重要性的注意。但是他没有提到“精神分析”这个字。宣读论文后，有一段长时间的讨论，最后，大家一致欢迎他的观点。荣格在伦敦的演讲极为成功。

<u>背景知识</u>

潜意识

潜意识指的就是潜藏在我们一般意识底下的一股神秘力量，是相对于“意识”的一种思想。又称“右脑意识”、“宇宙意识”。《脑内革命》作者春山茂雄则称它为“祖先脑”。

潜意识聚集了人类数百万年来的遗传基因层次的信息。它囊括了人类生存最重要的本能与自主神经系统的功能与宇宙法则，即人类过去所得到的所有最好的生存情报，都蕴藏在潜意识里。因此只要懂得开发这股与生俱来的能力，几乎没有实现不了的愿望。

潜在意识的世界，是超越三度空间的超高度空间世界。潜意识一经开启，将和宇宙意识产生共鸣，宇宙信息就会以图像方式浮现出来，心灵感应等能力也将一一出现。

分析认为，潜意识聚集了人类数百万年来积累的大量知识，充分开发之后将产生不可估量的作用。而人类现在需要做的，则是正确认识和激发潜意识。

潜意识的发现始自催眠术。现代催眠术的原始形态是奥地利维也纳的医师梅斯梅尔所创立。但是第一次提出人类具有潜在意识学说的人，是西格蒙德·弗洛伊德。

弗洛伊德所谈的潜意识，是一种与理性相对立存在的本能，是人类固有的一种动力。他认为，人类有一种本能，也就是追求满足的、享受的、幸福的生活潜意识。这种潜意识虽然看不见摸不着，却一直在不知不觉中控制着人类的言语行动。在适当的条件下，这种潜意识可以升华成为推动人类文明的原始动力。

根据维也纳大学康士坦丁博士估算，人类的脑神经细胞数量约有1500亿个，脑神经细胞受到外部的刺激，会长出芽，再长成枝（神经元），与其他脑细胞结合并相互联络，促使联络网的发达，于是开启了信息电路。

然而人类有95%以上的神经元处于未使用状态，这些沉睡的神经元如果能够被唤醒，几乎人人都可以变成“超人”。如果将人类的整个意识比喻成一座冰山的话，那么浮出水面的部分就是属于显意识的范围，约占意识的5%，换句话说，95%隐藏在冰山底下的意识就是属于潜意识的力量。

这仅仅是理论值，就目前只用到很少的脑细胞的大脑，其耗氧量已经占到全身耗氧量的四分之一。所以全部使用是不可能的。

就算是像爱因斯坦、爱迪生等天才人物，一生中也不过运用了他们潜意识力量的20%不到。

因此，任何人不论你聪明才智的高低，成功背景的好坏，也不论你的愿望多么的高不可攀，只要懂得善用这股潜在的能力，它就一定可以将你的愿望在你的生活中具体地实现出来。潜意识如同一部万能的机器，任何愿望都可以办得到，但需要有人来驾驶它，而这个人就是你自己。只要你有心控制，只让好的印象或暗示进入潜意识就可以了。

1914年夏天，三个学派成为鼎足之势：一个是弗洛伊德派，一个阿德勒派，另一个则是荣格派。

同年6月27日，奥地利皇储裴迪南夫妇在萨拉热窝镇被一个塞尔维亚的革命党人刺杀。奥地利向塞尔维亚提出最后通牒，塞尔维亚的答复令奥地利不满，奥地利于是轰炸贝尔格勒。

弗洛伊德和其他人一样，不知道像这样一个地区性的战争，却在不久后酿成了第一次世界大战。

第五篇 精神分析学的广泛应用

生理健康由心理健康决定，心理的变化会导致人身体腺体的分泌变化，而分泌的不平衡就会产生生理疾病。

——弗洛伊德

拓展精神分析领域

精神分析运动在第一次世界大战前夕，分裂成为三个团体：一组追随弗洛伊德，另一组追随荣格，而另一个较不重要的阿德勒派则在外围活动。分裂的原因是对精神病因及其治疗有不同的见解。

弗洛伊德誓死领导精神分析运动，使它严格地在他自划的界限里，而荣格同样对自己满怀信心，于是竞争呈白热化。虽然以往的争执都集中在精神分析的医学价值方面，但这时候，却有了别的发展。“人类的活动经常是由深藏在潜意识的不知名的冲动而造成的”，这种不容置疑的证据，已经逐渐使精神分析被非医学界的人们重视与应用。

一旦学者们承认，人类可以被他们所不知道的各种动机驱使，那么不可避免的，这个事实就应该被用来帮助解开历史和传记的谜题。

推断作家创造小说和戏剧中伟大人物的动机，的确是一项知识分子最感兴趣的团体游戏！但是我们应该记住，18 世纪的英国小说家劳伦斯·斯特恩，为情节而创造及领导书中的人物，而莎士比亚也领导他书中的人物，使观众一直悬疑到剧终。

尽管有这么多限制，但弗洛伊德仍然将精神分析运用到文学创作者和他们的作品上。19 世纪末，他“对触及大自然的最大奥秘之一”的信心已经增加。早在 1897 年，他已在考虑精神分析如何解开民俗文学的奥秘。

在他所倡导的“以精神分析解释文学”还没有获得热烈响应以前，他又提出另一种非临床的运用。他相信，精神分析可以在法庭上，帮助法官判断被告是否有罪。荣格曾经在维也纳大学法律系学生研习会所举行的假设法庭上，为他做了实验。

1907 年，弗洛伊德在海勒出版社的大厅里，向一群专家发表演讲，题目是“具有创意的作者和白日梦”，其主题又回到了对文学潜意识来源的揣测中。

1910 年春天，弗洛伊德完成了他对文学和艺术的短程涉猎，发表了《达·芬奇和他幼年时的记忆》。除了三十年以后的《摩西与神教》外，这篇文章比起其他非医学著作，引起了更多的争论。

其实弗洛伊德开始对达·芬奇感兴趣是在 1897 年，那时他正和弗莱斯讨论“左右手习惯使用和两性的关系”。

达·芬奇

根据弗洛伊德的研究，达·芬奇是一个私生子，刚生下来的几年里，由他的母亲单独抚养，直到他的父亲比埃洛娶了另一个门第相当的女人后，才被带回家。他真正的母亲，寂寞而且自怨自艾，把她全部的精神溺爱都放在达·芬奇身上，以致培养出他早年的性欲幻想，也造成他日后同性恋的倾向。

达·芬奇被带到父亲家后，我们可以认为他有两个母亲。第一个是卡德莉娜——生下他的农家女，第二个是他父亲明媒正娶的妻子。这情形，解释了为何达·芬奇在巴黎罗浮宫的《圣安娜》画里圣母和圣安娜的年龄看起来一样，而且两个人都挂着谜一般的“蒙娜丽莎”式的微笑。据弗洛伊德说，达·芬奇早年曾遇到蒙娜丽莎，她引起他潜伏着的性欲，唤醒他潜意识中对母亲卡德莉娜的记忆，以致造成他两个母亲同时出现在一幅画中的

蒙娜丽莎

情形。毫无疑问，弗洛伊德的论文是“一个特别鲁莽的例子，证明意外的家庭组合所发生的冲击”。

“达·芬奇”研究显示，精神分析已渗透到更广泛的领域中，这种扩展引起许多反对，但弗洛伊德了解势必如此。他也知道，精神分析的方法进入非医学学科后，不仅将吸引完全够资格的人，也会吸引第二流的人。他有很充分的理由忧虑，他曾经写道：“急速发展的结果是，精神分析师以及才智高低不齐的业余人员，经常匆匆地集思广益。这样一来已经把研究的范围伸展到神话学、文明史、人类学和宗教科学等领域。可是在那些方面的专家以及一般大众却没有善待他们。一开始时，他们的方法和发现稍稍受人注意，但不久就被无情地排斥了。”

被排斥的一个原因是：不够资格的从事者太多。另一个原因是：职业界的许多人仍旧对精神分析用在本身有所怀疑。第二个因素使弗洛伊德在做非医学上的精神分析时小心翼翼。直到 1912 年，国际协会显然已渡过难关，期刊《影像》才出版。这份刊物由漠斯·沙克斯创始，由弗洛伊德和兰克共同编辑。

在第一期里，弗洛伊德强调，把精神分析研究的范围扩展到语言、风俗、宗教和法律等方面是必要的。广泛地说，诸如神话学、审美学、文学、艺术史、哲学、民俗学、刑事学、道德理论等科目都包括在内。这真是雄心万丈的计划！随着时间的推移，他更加雄心勃勃。二十年以后，弗洛伊德写道：“精神分析可以成为所有以人类文化的进化为中心的科学，以及其主要的学会如艺术、宗教和社会秩序等不可缺少的工具。”

《影像》杂志上也印行了弗洛伊德一系列文章中的第一篇，代表弗洛伊德把精神分析运用到了社会学和人类学上。那些简短的文章，充分勾画出他对于人类社会成立的见解。

忧郁的弗洛伊德

弗洛伊德脑海中经常盘桓着用精神分析发现宗教的起源以及宗教与人类社会关系的可能性。在写于 1907 年的《心神困扰与宗教活动》一书中，他拿强迫观念形态的神经质病和宗教的仪式相比较，得到了一个不受人欢迎的结论：他认为宗教本身是一个“宇宙性的分神的神经质因”，而“心神困扰是一种个人化的宗教”。1908 年，在“文明化的性道德和现代的精神病”中，弗洛伊德讨论到，当人类社会形成时，个人的本能将受到压抑。

弗洛伊德在 1911 年春天开始写《图腾与禁忌》。他告诉荣格，希望能在夏天完成。他接着说：“为了这份工作，我需要一间可以独处而且附近有森林的房间。”将近 8 月时，他的看法有了改变，他说现在所研究的宗教信仰心理学，可能会占据他许多年的时间。他知道，那会和他对“性”的见解一样不受人欢迎。

《图腾与禁忌》在 1913 年出版。包括了《乱伦的恐怖》、《禁忌与感情的矛盾》、《灵魂论》、《巫术与思想的万能》以及《幼年时代图腾的回转》等多篇论文。弗洛伊德像荣格一样，搜求人类最古远的祖先的过去。但是荣格的资料包括原始人的神话和几乎不能理解的冒险故事；而弗洛伊德却采取现在仍住在南太平洋和澳大利亚的当代野蛮人的报告，把他们的习俗和禁忌看作是一种社会进化的最终产物，借着精神分析之助，追溯了那些习俗与禁忌的起源。

在第一篇长达一万八千字的论文里，他调查研究了图腾制度中的两大禁忌——不杀图腾与不和同图腾系统的女人通婚。

第四篇论文里，弗洛伊德找到了事情的核心。他指出，图腾即象征父亲。事实上，图腾动物往往被原始民族视为种族的先父，受到尊敬，整个部族的人都声称是这个动物的后代。但是，每个部族每年都会举行一次仪式，将图腾动物杀掉，然后大家抢食。弗洛伊德认为，这种“杀父”的仪式就是图腾制度的中心，也是宗教的起源。

背景知识

图 腾

汉族图腾中的龙

图腾（totem）是群体的标志，旨在区分群体。运用图腾解释神话、古典记载及民俗民风，往往可获得举一反三之功。图腾就是原始人迷信某种动物或自然物同氏族有血缘关系，而用来作为本氏族的徽号或标志。目前图腾又成了现代人的装饰，例如汽车贴纸品牌“爱图腾”里，基本所有产品都以图腾形象为主，代表了一种全新的现代图腾文化。“图腾”一词来源于印第安语

“totem”，意思为“它的亲属”、“它的标记”。在原始人信仰中，认为本氏族人都源于某种特定的物种，大多数情况下，被认为与某种动物具有亲缘关系。于是，图腾信仰便与祖先崇拜发生了关系，在许多图腾神话中，认为自己的祖先就来源于某种动物或植物，或是与某种动物或植物发生过亲缘关系，于是这种动、植物便成了这个民族最古老的祖先。例如，“天命玄鸟，降而生商”（《史记》），玄鸟便成为商族的图腾。因此，图腾崇拜与其说是对动、植物的崇拜，还不如说是对祖先的崇拜，这样更准确些。图腾与氏族的亲缘关系常常通过氏族起源神话和称呼体现出来。如鄂伦春族称公熊为“雅亚”，意为祖父，称母熊为“太帖”，意为祖母。鄂温克族人称公熊为“和克”（祖父），母熊为“恶我”（祖母）。苗族、瑶族、畲族的盘瓠传说以及匈奴狼的传说（《魏书·高车传》）。匈奴单于生有两个女儿，非常美丽漂亮，举国上下都把他的两个女儿当作仙女下凡。单于说：“我的这两个女儿凡间的男子怎么能配得上，应该把她们嫁给神仙才可以。”于是就建筑了一座高大的台子，把他的两个女儿放在上面，说是为了让天上的神仙来迎娶她们。经过了三年，有一个老狼守在台子下面，昼夜嚎叫。他的小女儿说：“我的父亲把我放在这里，想让天人来迎娶我，现在来了一个老狼，这也许是上天让它来的呀！”于是就下嫁给狼了，而生了许多儿子。后来他的子孙就繁衍成了一个国家，所以匈奴人好引声长歌，又似狼嚎。

图腾的第二个意思是“标志”。就是说它还要起到某种标志作用。图腾标志在原始社会中起着重要的作用，它是最早社会组织的标志和象征。它具有团结群体、密切血缘关系、维系社会组织和互相区别的职能。同时通过图腾标志，得到图腾的认同，受到图腾的保护。图腾标志最典型的就是图腾柱。在印第安人的村落中，多立有图腾柱。在中国东南沿海考古中，也发现有鸟的图腾柱。浙江绍兴出土过一个战国时古越人铜质房屋模型，屋顶立一图腾柱，柱顶塑一大尾鸠。故宫索伦杆顶立一神鸟，古代朝鲜族每一村落村口都立一鸟杆，这都是图腾柱演变而来的。

弗洛伊德又斟酌了达尔文“原始的群众”中的见解——原始人类本是生活在一个部落里，受一位强大而善妒的男人统治。弗洛伊德根据此点作了一项假说：原始社会的统治者拥有绝对的权威，并将所有女人据为己有，久而久之，他的子民联合起来反抗并把他推翻，甚至杀死而后吃掉。但是，这次事件以后，他们又为争夺权益而彼此残杀，最后他们终于觉悟，于是团结起来，在象征父亲的图腾兽前，携手合作。为了赎罪，他们决定不杀代表“父亲”的图腾兽，为了防止杀戮事件再发生，他们不再找那些曾导致其杀父的同部族的女人，而开始找陌生女人，于是开始有异族通婚。

如弗洛伊德指出途径，人们能投注更多的精力，用精神分析的解释来研究古代的礼仪，那么，精神分析的理论也一定能投注在艺术和艺术家身上。弗洛伊德本人立刻以行动显示出这种可能性，因为在《图腾和禁忌》之后，他立刻又推出了另一篇论文《米开朗基罗创作的摩西》。

弗洛伊德首次罗马之行的第四天，去参观了温科里的圣派特洛教堂，站在米开朗基罗创作的巨大的雕像前，那个雕像是为装饰教皇朱里亚斯二世的陵墓而雕刻的，尚未完成。维也纳的艺术学院有那个雕像的复制品。弗洛伊德很可能早已把自己比拟为摩西，并做了研究。他写了一张纪念明信片给玛莎，透露出他的感觉："我思考米开朗基罗的意图，已经了解那雕像的意义。"

米开朗基罗的摩西雕像

米开朗基罗刻画出一个愤怒的摩西，把他刚从西奈山上领到的十诫摔破。大多数的评论家推测，摩西将刻着十诫的石板摔破，是因为他下山后第一眼看见的是以色列人围绕着金牛犊偶像跳舞。但是，弗洛伊德的看法却截然不同，他写道："我们眼见的是动作发生后的静止状态，而非刚要发作时的暴烈动作。摩西在怒不可遏想要发作时，跳起来报复。但是他已克服了试探，他应该是镇定地坐着，他的怒气已经冰冻，他的苦痛和耻辱混合在一起。"

《米开朗基罗创作的摩西》有许多地方影射了弗洛伊德本人。这篇论文写作时正是他和荣格决裂的最后阶段，而对于已经认同摩西的弗洛伊德来说，他很容易相信，米开朗基罗透视的摩西将成为一个他必须效法的模范，他必须忍住他想发作于背叛者阿德勒、史铁喀尔和荣格等一帮人的怒气，他们像以色列人一样，卑鄙地背叛了他们的领袖。一年前，当他和荣格的战争正在进行时，他曾经写信给法兰克基说："目前在维也纳的情况，使我觉得我像极了历史上的摩西。”

弗洛伊德还竭力主张莎士比亚笔下的“哈姆雷特”受到“恋母情结”困扰。他能做任何事，就是不能向杀了他父亲、抢夺他母亲的人报仇，因为他在那个人身上，看到自己幼年时代被抑制的希望实现了。因此，原来那种不断驱策他去报复的憎恶，被他内心的自我谴责、良心的踌躇所取代。它们提醒他，他自己并不比他要去惩罚的人好多少。

哈姆雷特

弗洛伊德老实承认：“钻研心理传记的基础，事实上是建筑在模糊的痕迹和微小的记号上。”这不啻是警告大家，当精神分析家涉足于高度技术性的艺术批评或传记方面时，就特别容易愚弄自己。他比自己的一些追随者更清楚这个危险，几年后还特别强调着。

但是，弗洛伊德仍然很不情愿放弃他的“哈姆雷特理论”，而在他写于1924年的短短的自传中，重复其在戏剧中的“恋母情结”观念。他认为莎士比亚是在父亲死了以后，才写了《哈姆雷特》的。

他的“哈姆雷特之形成理论”，是他对于莎士比亚的其他作品作精神分析的试金石，同时也使他相信，精神分析又是了解其他作者创作动机的试金石。

研究莎士比亚的学者伊凡斯说："根据定义，一位精神分析家，需要比戏剧家更可以或更应该提供出无限多的证据。"

但是，弗洛伊德的"哈姆雷特的恋母情结理论"所引起的争论，仍然如火如荼地持续着。而这股以精神分析探讨文学、艺术的潮流，也依旧年复一年地成长着。这是第一次世界大战时，精神分析主义的前景被急剧地改革后，用精神分析解释戏剧和小说增加的结果。

背景知识

莎士比亚

威廉·莎士比亚（1564—1616）是文艺复兴时期英国及欧洲最重要的作家。他出生于英格兰中部斯特拉福镇的一个商人家庭。少年时代曾在当地文法学校接受基础教育，学习拉丁文、哲学和历史等，接触过古罗马剧作家的作品。后因家道中落，辍学谋生。莎士比亚幼年时，常有著名剧团来乡间巡回演出，培养了他对戏剧的爱好。1585年前后，他离开家乡去伦敦，先在剧院打杂，后来当上一名演员，进而改编和编写剧本。莎士比亚除了参加演出和编剧，还广泛接触社会，常常随剧团出入宫廷或来到乡间。这些经历扩大了他的视野，为他的创作打下了基础。

莎士比亚塑像

莎士比亚的作品从生活真实出

发，深刻地反映了时代风貌和社会本质。他认为，戏剧“仿佛要给自然照一面镜子：给德行看一看自己的面貌，给荒唐看一看自己的姿态，给时代和社会看一看自己的形象和印记”。马克思、恩格斯将莎士比亚推崇为现实主义的经典作家，提出戏剧创作应该更加“莎士比亚化”。这是针对戏剧创作中存在的“把个人变成时代精神的单纯的传声筒”的缺点而提出的创作原则。所谓“莎士比亚化”，就是要求作家像莎士比亚那样，善于从生活真实出发，展示广阔的社会背景，给作品中的人物和事件提供富有时代特点的典型环境；作品的情节应该生动、丰富，人物应该有鲜明个性，同时具有典型意义；作品中现实主义的刻画和浪漫主义的氛围要巧妙结合；语言要丰富，富有表现力；作家的倾向要在情节和人物的描述中隐蔽而自然地流露出来。

米开朗基罗

米开朗基罗·博那罗蒂（1475—1564），意大利文艺复兴时期伟大的绘画家、雕塑家和建筑师，文艺复兴时期雕塑艺术最高峰的代表。1475 年 3 月 6 日生于佛罗伦萨附近的卡普莱斯，父亲是奎奇市和卡普莱斯市的自治市长。他十三岁进入佛罗伦萨画家基尔兰达约的工作室，后转入圣马可修道院的美第奇学院当学徒。1496 年，米开朗基罗来到罗马，创作了第一批代表作《酒神巴库斯》和《哀悼基督》等。1501 年，他回到佛罗伦萨，用了四年时间完成了举世闻名的《大卫》。1505 年在罗马，他奉教皇尤里乌斯二世之命负责建造教皇的陵墓，1506 年停工后回到佛罗伦萨。1508 年，他又奉命回到罗马，用了四年零五个月的时间完成了著名的西斯廷教堂天顶壁画。1513 年，教皇陵墓恢复施工，米开朗基罗创作了著名的《摩西》、《被缚的奴隶》和《垂死的奴隶》。1519 到 1534 年，他在佛罗伦萨创作了他生平最伟大的作品——圣洛伦佐教堂里的美第奇家族陵墓群雕。1536 年，米开朗基罗回到罗马西斯廷教堂，用了近六年的时间创作了伟大的教堂壁画《末日审判》。之后他一直生活在罗马，从事雕刻、建筑和少量的绘画工作，直到 1564 年 2 月 18 日逝世于自己的工作室中。

米开朗基罗代表了欧洲文艺复兴时期雕塑艺术的最高峰，他创作的人物雕像雄伟健壮，气魄宏大，充满了无穷的力量。他的大量作品显示了写实基础上非同寻常的理想加工，成为整个时代的典型象征。他的艺术创作受到很深的人文主义思想和宗教改革运动的影响，常常以现实主义的手法和浪漫主义的幻想，表现当时市民阶层的爱国主义和为自由而斗争的精神面貌。米开朗基罗的艺术不同于达·芬奇充满科学的精神和哲理的思考，而是在艺术作品中倾注了自己满腔悲剧性的激情。这种悲剧性是以宏伟壮丽的形式表现出来的，他所塑造的英雄既是理想的象征又是现实的反映。这些都使他的艺术创作成为西方美术史上一座难以逾越的高峰。

哈姆雷特

哈姆雷特是莎士比亚剧本《哈姆雷特》的主人公。

哈姆雷特王子是突然驾崩的丹麦王哈姆雷特与皇后葛楚德的儿子。葛楚德在丈夫死后不久就与小叔、继承王位的克洛帝阿斯结婚，而这对哈姆雷特来说比父亲去世更难以忍受。就在这时，他的父亲的灵魂出现了，道出了克洛帝阿斯谋害了他的事，并命令他的儿子哈姆雷特向叔父报仇，对母亲的处置则交给上天来惩罚。

感性敏锐的哈姆雷特用他那强而聪慧的思考力揣测——这个奇遇可能是魔鬼意图蛊惑他，所以，一直犹豫不决到底是要报仇还是不要。他为了避免他的叔父对他的心思产生怀疑，开始装疯卖傻，连心爱的欧菲丽亚也不认识了，正好这时有一个剧团进城来表演，他便着手写了揭露他叔父罪状的剧本，让他们上演。当克洛帝阿斯看了这出戏后，脸色大变，从大厅跑了出去。这时，哈姆雷特看到他心虚跪地祷告的叔父时，心中的疑惑一扫而空，确信了父亲的灵魂所言属实。后来，王后奉国王旨意叫他进宫，他很伤心地责备他的母亲，误杀了布帘后偷听的欧菲丽亚的父亲——勒罗地阿斯。克洛帝阿斯把哈姆雷特送到了英国，暗中拜托英皇杀了他。欧菲丽亚遭失恋之苦加上父亲无辜失去，终于精神崩溃，坠入水中溺死了，而她的哥哥——雷阿地斯想为父报仇，从法国奔了回来，不料被克洛帝阿斯利用，与哈姆雷特势不两立。而哈姆雷特并没有中计，从往英国的航行途中折回，回到丹麦正好遇见欧菲丽亚的葬礼，心中大感悲伤。这时，克洛帝阿斯抓住了这个千载难逢的机会，安排了一个剑术比赛。雷阿地斯用一把尖端没有皮套的毒剑伤了哈姆雷特；哈姆雷特剑术超他一等，终于击败了雷阿地斯，在临死前，雷阿地斯道出了克洛帝阿斯的阴谋。

事实揭穿后，皇后慌乱中饮鸩——克洛帝阿斯为哈姆雷特准备的毒酒——而亡。哈姆雷特杀了克洛帝阿斯，并要他喝下毒酒，阻止了哈姆雷特的好友赫雷休手中正要仰头饮下的鸩毒，在这时，他却因中了雷阿地斯的剑毒，发作身亡。

一战使精神分析声誉大增

第一次世界大战爆发的时间，和荣格的瑞士派人士从弗洛伊德的阵营中决裂出来的时间，几乎相吻合，这两件事都对精神分析的发展有重大地影响。

大战中的那几年，欧洲大陆国家、英国、美国，还有最反对弗洛伊德的人，都很难忽视一个问题：数以千万计从战场负伤下来的兵士们，大都患了精神崩溃症，当时人们对此有个特别的名称，叫作“炸弹惊骇症”。这种症状不仅可以用精神分析的治疗法减轻，而且还可借以证实某些精神分析理论的假设。到了 1918 年，不论是协约国，还是同盟国，都已经用精神分析治疗军队医院中的病患了。

而在 1914 年夏天，弗洛伊德尚未与荣格决裂并筹备着在德勒斯登举行的国际大会时，并没有预见到这些发展。

8 月初，弗洛伊德被迫承认，一场世界大战正在酝酿中。不过他认为那是强加于不得已的奥地利和德国的战争，而且这战争会在不太骚扰平常生活的情况下成功地结束。8 月 2 日，他写信给在维也纳的大女儿玛西黛，告诉她，他和玛莎想在温泉区多待些时候，但是军事的动员使他无法出外旅行。

有好几个星期，弗洛伊德几乎不知如何是好。他不愿意在正常休假完毕以前重新执业。他列出搜集的古玩清单，而且为仍然衷心于他的兰克的图书馆编目录。9 月，他去探望在汉堡的女儿苏菲，到柏林访问亚伯拉罕，然后回到维也纳，开始工作。10 月时，他只有两个病人，到 11 月只剩下一个了。他不知道自己怎么搞的，终于开始严肃地思考起大战的意义。

表面上看来，在大战的最初几个月里，弗洛伊德不知何去何从，但事实上，他集中精力于他的工作，而且特别卖力。1915 年初，他在六个星期里，完成了五篇重要的论文，接着用同样的时间又完成了另外五篇。

成立于 1911 年的美国精神分析学会，不接受外行人成为正式的会员，而且不论会员的医学资历如何，一律要求他们接受严格的训练，然后才可以成为有执业资格的精神分析师。其他组织的做法大致相同。但是这种做法充其量只能防止对精神分析功能的曲解散播。

弗洛伊德所预言的庸医骗人行为，使他遭到各方面甚至精神分析师的攻击。有人曾经说："当弗洛伊德的声誉日增时，别人恶意地把他的理论与瑜伽术、神圣的治疗、动物吸引力和整骨疗法等归为同类。"有一本在 1912 年出版的教科书，把心理治疗放在《招魂术和通灵术》的章节里，评论它说："可能借着启示，有些实用主义的价值，但是却没有科学的根据。另一位心理学家则强调，治疗的成功并不能测验理论的正确性。"

只有一些比较通俗的杂志（大多数在政治上保持中庸立场者，以及受过教育的外行人，期望在这些杂志上面得到精神分析之类的消息）成功地保持着不偏不倚的报道态度。既不随便赞美，也不作骇人听闻的谴责。其中之一是《纽约时报》。当

1914 年秋天《日常生活的精神病理学》的译文出现在美国时，它以半页的篇幅，做了客观的报道。

1915 年初，长期血战的迹象日益明显，英国人即使没有充足的理由，也可以找到许多借口，谴责弗洛伊德只是另一个“长久使我们受损的德国教授团的家伙”。如果不是大战前夕有一小群支持精神分析的人仗义执言，那些攻击将会产生很大的影响。那一群支持者中间，最有名的当然是恩斯特·钟士，他 1922 年时由加拿大返回英国，开始在伦敦执业。

创立伦敦精神分析学会，只是钟士在英国推广精神分析的最重要项目。过了不久，他向皇家医药学会精神病学组发表演讲，受到热烈欢迎。第二年，弗洛伊德的“遗忘理论”讨论会在达拉莫的心理学家与哲学家联合会上举行，而偶尔在医学刊物上登载精神分析论文，已不再能引起人们震撼惊奇了。

如此，在大战爆发以前，英国已有一群支持弗洛伊德的人。虽然人数不多，却坚决地在英国建立起桥头堡。布列尔翻译的《日常生活的精神病理学》在大战期间的第一个冬天出现于英国。

当却尔斯·马西尔反对在战时使用精神分析时，被医药心理协会的会长断然拒绝了，原因是这个主题将不会被人认真看待。会长还埋怨道：“当然，弗洛伊德和荣格等人的卑劣教条，在英国精神病学家的教学和著作中，都没有得到什么支持，是众所皆知的。”但是，尽管精神分析只受到极少数人支持，仍有些人感到受不了。几天后，一些“卫道士”在《英国医学杂志》的专栏中问：“大家是否知道，精神分析家们在我们的军医院的疯人病房做有害的工作！”

在维也纳，精神分析学会的聚会因大战爆发而搁置了，后来虽然恢复，却每三个星期才举行一次。弗洛伊德的诊所生意没有起色，他像许多维也纳的中产阶级一样，面临收入减少、物价上涨的双重压力。他的三子恩斯特跟长子马丁一起从军，而奥利佛因为体格欠佳不能服役，参与了一连串的机械工程。弗洛伊德写信给亚伯拉罕说："我现在好像在北极圈的长夜里，正焦急地等待太阳升起。"

太阳终于在几个星期后升起了。弗洛伊德开始写一连串的论文，并以从前所不曾有的速度完成了。第一篇是《对当代战争与死亡的沉思》，第二篇是《我们对死亡的态度》，并于 1915 年 4 月首次发表。

这两篇为《影像》杂志所写的文章完成后，弗洛伊德立刻从事起一项雄心勃勃的工作：将十几篇论文集成一本书，取名《超心理学绪论》。"超心理学"这个观念，是他首先使用的。他曾向弗莱斯解释那是"引导至意识背面的心理学"。多年来，它的意义已经扩大到可以在科学中称为"一般理论"了。但是，弗洛伊德特别用这个词形容精神现象与精神器官及所牵涉的本能以及在器官中产生能量分配的关系。

头两篇论文是《本能和它们的变化》以及《压抑》，集中在三个星期内完成。第三篇《潜意识》花的时间不超过三个星期，阐述了弗洛伊德建立整个精神分析的中心思想。接下去是《梦的理论的超心理补充》和《哀悼与忧郁症》。

这头五篇超心理学的论文完成后，弗洛伊德开始准备他在大学的定期讲课。讲授时间是 1915 年 10 月和翌年 3 月，对象包括医生和其他科系的教授们。这次讲课和他在其他大学的演讲不同，他要出版讲义，如此他可以向更多的群众显示他的思想，并以炉火纯青的方法鼓励他的听众跟从他的说法，而这种方法正是他经常所表现的中庸之道。

他演讲的前言，已印成《精神分析入门》。他提醒大家，“在目前的环境下，我们不可能……沉着冷静地保持一种科学理论；也不可能避免以一个警告作为开始”。于是，他的开场白说，在他的听众中，可能有人不满足于浅尝辄止地了解一点精神分析，而是决定要和它建立更永久的关系。

在一系列的演讲开始前，弗洛伊德特别向听众声明，他将不讨论思想倒错和梦（因为每个人都有个人的经验）而要讨论神经官能症，那是除了听众中的医生外，大多数人都很陌生的一种现象。他解释，即使在这里，他仍要用一直以来使用的相同技巧。

《精神分析入门》分三个单元出版，时间在 1915 年和 1917 年，是弗洛伊德除了《日常生活的精神病理学》之外，拥有最

1916 年，弗洛伊德和他两位着奥地利戎装的儿子——恩斯特和马丁合影

多读者的一部作品，曾被翻译成十七国的文字。

弗洛伊德很清楚，对于外行人来说，这些讲稿清晰地阐述了精神分析，它们也为他带来一大笔财富。但是，1918 年 3 月他的书完成以后，却比以前更沮丧了。原因是一到 5 月他就是六十二岁了，他以前认为自己在这个年纪就会死去。他对战争的结果也愈来愈悲观，而且，秋冬来临后，食物和燃料将更加短缺。除了这些物质问题外，他还为国际上的认可与否而担心。

在 1917 年，至少有几件事值得弗洛伊德庆幸。他两个在军中的儿子安然无恙，直到战争结束都是如此。马丁一直在西班牙加里西里和俄国的前线，而恩斯特则在意大利的前线，好几次都从鬼门关躲过。弗洛伊德只有一个亲戚阵亡，那是他妹妹罗莎的儿子哈曼格拉夫。他出嫁的女儿玛西黛和小女儿安娜都在维也纳，除了经常想念在前线的马丁和恩斯特外，他主要的家庭问题是很难跟在汉堡的女儿苏菲联络。

到了秋天，生活条件变得更困难，一切变得未知，未来唯一能确知的事就是食物和燃料的短缺。但是，也有几件事情稍微减轻了弗洛伊德的忧郁，那就是有人提名他接受诺贝尔奖奖金。事实上，早在 1914 年，就有美国心理学家怀特策划提名弗洛伊德，但是后来没有下文，而弗洛伊德本人似乎也不知道有这个计划。现在弗洛伊德的名字被罗伯・贝拉尼提出，此人在 1914 年得到了诺贝尔的医学奖。

弗洛伊德并没有因贝拉尼的提名而得到诺贝尔奖奖金，以后罗曼・罗兰、阿诺・兹伟克（德国文学家）等人也同样努力过，都没有结果。弗洛伊德告诉亚伯拉罕：“我已经两次看见诺贝尔奖奖金从我面前扬长而过。我也已经了解，这种官方的承认根本不适合我的生活方式。”

当1917年秋天，一切进入阴霾中时，还有另一个令人鼓舞的消息：英国人已经占领了耶路撒冷，并且发出《贝尔福宣言》，答应支持犹太人在巴勒斯坦建立家园。弗洛伊德对亚伯拉罕说：“这是唯一使我快乐的事情。”

虽然弗洛伊德现在仍深陷于沮丧之中，但精神分析的前途已经渐渐地改善。在美国，普特南就曾慨叹说：“十多年以前，有谁会想到，今天的大学教授们会向男女学生讲授弗洛伊德的理论？科学界人士依赖它们，以探求本能的奥秘；教育家们希望找到训练年轻人的秘诀。”

在医学界，这种重点改变的原因是医生们现在必须处理人数渐增的患了“炸弹惊骇症”的伤兵。不错，在以后的战争中，也有许多受战争压力而使人精神崩溃的例子，但是他们的数量和身体受伤或感染疾病的人相比，却是微乎其微。现在，西方前线持久的壕沟战，加上日夜不停的炮火轰炸，使情况急速改变，人们逐渐关切战争所引起的精神病问题。精神病医师被配属在军队医院里，而精神病的病例和外科及内科的病例一样，被详细地研究着。

埋头写作的弗洛伊德

弗洛伊德一点也不知道精神分析在英国发展的情形，而且很少接触奥国治疗“炸弹惊骇症”的个案。但是，可能维克特、陶斯克已经提醒他注意这些现象了。

陶斯克是在1915年被征召为陆军的精神病学家，第二年印行了一篇论文，叫作《关于所谓战争精神病的症状学之诊断考虑》。

在欧洲，考虑用精神分析治疗战争下精神病患者的人不只陶斯克一个。在1918年2月，弗洛伊德收到由恩斯特·锡麦写的论文《战争的神经性官能症与心灵创伤》。锡麦是一位德国医生，战争爆发时，被征召到一个野战医院，担任医药顾问，不久后采用被认为是革命性的政策，以客观而公平的态度对待在战斗中受压力而精神崩溃的人，而不是将其视为装病逃避义务的兵士。

几个月以前，锡麦曾向德国作战大臣提出一项计划，准备组成一个精神分析机构用以研究神经病源，并免费提供顾问的诊所以及一个可以治疗病人的疗养院。当局似乎没有接受他的建议。但是，德国政府受到了影响，派了一位官方代表，参加由弗洛伊德及他的追随者筹划的定于1918年举行的国际大会，而奥地利和匈牙利也是如此。

大会本来决定在波兰的布勒斯特举行，但是后来改在匈牙利的首都布达佩斯，时间是9月。值得注意的是，没有瑞士人与会，出席的四十二人中间，有三个荷兰人，三个德国人，其余的则来自风雨飘摇的奥匈帝国。当弗洛伊德知道官方表示有兴趣的真正原因时，他一定有许多感慨：精神分析原来的目的是解开人类思维的神秘和减轻人类的痛苦，而现在却被认为是尽快把人送回战场的一种方式。

背景知识

第一次世界大战爆发

第一次世界大战（1914 年 8 月—1918 年 11 月）是一场主要发生在欧洲但波及全世界的战争。当时世界上许多国家都卷入了这场战争。

战争过程主要是同盟国和协约国之间的战斗。德意志帝国和奥匈帝国是同盟国，英国、法国、意大利、俄罗斯帝国和塞尔维亚是协约国。在 1914 年至 1918 年期间，很多在亚洲、欧洲和美洲的国家都加入了协约国。战场主要在欧洲。值得注意的是意大利虽是同盟国，但是后来英国、法国及俄国与意大利签订密约，承诺给予意大利某些土地，结果意大利加入了协约国对抗同盟国。这场战争是欧洲历史上破坏性最强的战争之一。大约有六千五百万人卷入，一千万人失去了生命，两千万人受伤。

战争的导火索是 1914 年 6 月的萨拉热窝事件，战线主要分为东线（俄国对德奥作战），西线（英法对德作战）和南线（又称巴尔干战线，塞尔维亚对奥匈帝国作战）。其中西线最惨烈，著名的战役有马恩河战役、凡尔登战役和索姆河战役。

1914 年 6 月 28 日上午 9 时正，塞尔维亚青年普林西普（当时仅十九岁）在萨拉热窝刺杀主张吞并塞尔维亚的奥匈帝国皇储斐迪南大公夫妇。这一事件被称为萨拉热窝事件，被认为是第一次世界大战的导火线。普林西普的行动是热爱民族的表现，但是刺杀斐迪南的这一萨拉热窝事件被奥匈帝国当作了对塞尔维亚发动战争的口实。1914 年 7 月 23 奥国在获得德国无条件支持后向塞尔维亚发出最后通牒，包括拘捕凶手、镇压反奥活动和罢免反奥官员等，塞国除涉及内政项目外悉数同意。不过，奥国依然将行动升级。与此同时，德国知悉俄国的军事动员，德皇要求俄国停止并迅速备战。鉴于各国的强硬外交和对国家军事力量的自骄，战争已无可避免。1914 年 7 月 28 日，奥匈帝国向塞尔维亚宣战。7 月 30 日俄国动员，出兵援助塞尔维亚。8 月 1 日，德国向俄国宣战。接着在 3 日，向法国宣战。8 月 4 日，德国入侵保持中立的比利时；同日，英国考虑到比利时对自己国土安全的重要性，和早前为了确保比利时的中立，而在 1839 年签署的伦敦条约，于是向德国宣战。8 月 6 日，奥匈帝国向俄国宣战。8 月 12 日，英国向奥匈帝国宣战。

一战后精神分析广受关注

第一次世界大战终于结束，也已经把德国的恐怖霸权主义及奥匈帝国的腐败消除殆尽。同时它也破坏了维也纳中产阶级的安全。在许多地方，弗洛伊德可以作为中产阶级的代表，他极不情愿地怀疑协约国打的不是一场“圣战”，而且开始相信美国总统威尔逊“十四点原则”的诺言。大战刚结束时的大混乱使他有很大的觉醒。他仍主张，如果大家对精神分析有普遍而较深的了解，可能已经使历史改写了。

1919 年 4 月，奥地利和英国之间恢复了直接而不经政府检查的通信。弗洛伊德也在几天以前收到钟士的一封信，他形容它是“我们笼子的第一个开口”，他们开始讨论精神分析运动的前途。钟士乐观地相信国际性的大会可望在 1919 年年底举行，并建议在大会前举行小组会议，讨论提交大会的计划和蓝图。

弗洛伊德收到钟士的信后，抱持着审慎的态度，有一点乐观，也有一些悲观。他回信说：“我仍然正直处世，不曾与世俗的无聊事情有任何纠结。精神分析正在蓬勃发展，我很高兴好消息从各方传来，我深信科学也将为你证明，我们一定会收获快乐。”

经过多次磋商后，荷兰的海牙终于被选定为国际大会的召开地点，并决定在 1920 年 9 月举行。

20 世纪 20 年代的海牙

海牙的大会相当成功。英国代表团有十五人，德国代表团有十一人。有十六位荷兰的精神分析师，两位美国分析师，还有六十二位会员，其中有奥地利人、匈牙利人、波兰人及瑞士人，他们来自新组成的弗洛伊德的瑞士精神分析学会。

弗洛伊德在大会中演

讲“梦的理论之补充”，重申二十年以前，他主张“梦代表希望实现”的说法。此外，他更进一步地说，人类还有“惩罚的梦”（在某些方面可被认为是自我的希望实现）以及“创伤的梦”。

海牙大会结束后，弗洛伊德打算和女儿安娜去英国。他希望去看他在曼彻斯特的亲戚以及拜访剑桥大学。但是，第一个障碍是安娜的签证没有及时寄到。然后，当他打算单独前往时，一位在柏林的亲戚因为心脏病去世。他必须去柏林吊丧，只好很难过地放弃此行。

弗洛伊德从海牙大会回来时，发现有一大堆信件和病人等他去处理，他的每一分钟都被占据。

同时，大战结束后的几年里，弗洛伊德发现，世界各地的人们对精神分析的兴趣日益增长。在维也纳，大约二十年前就开始的“周三学会”，现在又一次繁荣滋长起来，成为国际性协会的维也纳分会，也吸引了许多新的会员。其中有一位威廉·里克，是刚出道的奥地利医生。弗洛伊德不能接受的是，里克把马克思主义和精神分析搅和在一起，认为死亡是资本主义制度的直接结果。

当弗洛伊德正在振兴国际精神分析协会维也纳分会时，英国也开始重组精神分析机构。大战期间，伦敦精神分析学会中的一些具有影响力的会员，却投入荣格的怀抱。1919 年 2 月，钟士计划“整肃”英国组织中的“荣格派”会员，受到弗洛伊德的恭贺，于是解散伦敦学会，组织了英国精神分析学会。

然而，在美国的情况特别令人惊异。那里，尽管有普特南支持弗洛伊德，钟士也曾孜孜不倦地宣扬弗洛伊德的见解，在某些医学会议里，精神分析被认真地讨论着。但是，对于大多数的美国精神病医生来说，精神分析仍然只是“厕所中的俏皮话或茶余饭后兴起的主题”。

除了拒绝认真考虑精神分析的怀疑者外，还有“变节脱逃”的人，其中有名的是撒母耳·邓南伯医生。他自1912年起，就是执业的精神病医生。

1922年初，邓南伯宣布他的看法：“在我的经验里，没有弗洛伊德的那些解释，所谓神经质因若用支配人类生活的其他本能来解释，病人也可以治愈。性对于所有的神经质因并没有因果关系。神经质是由于个人与现实及世界的冲突而引起的，与他的爱情生活风马牛不相及。”

邓南伯说：“现在，人们如果在别的行业不能谋生，就转行当精神分析师。”他结论道：“精神分析是一种伪科学，就像手相术、笔迹学和骨相学一样。”

20世纪20年代早期，在混乱的美国精神治疗界里，到处可以听到批评家言辞激烈的咆哮、狡猾庸医所做的不实宣传以及顽固敌人的恐怖雄辩。

甚至于在学术气氛比较浓厚的圈子里，弗洛伊德也不一定能得到他预期的认可。在英国，一般人的态度表现于罗斯·马考莱的小说《危险时代》里。书中的主人翁说：“弗洛伊德主义能奇妙地治疗疾病——不管是炸弹震骇症、失眠症、神经沮丧、腰部风湿痛、自杀狂等，全都有效。”

汤玛斯说：“如果能以军事术语形容，我想说，弗洛伊德的理论代表对潜意识的一种总攻势，但是，作为一个艺术家，我必须承认，我根本不满意弗洛伊德的观念。相反地，我觉得我被他折磨得烦躁不安、不成人形。艺术家被弗洛伊德的观念透视得无可遁形，严重地破坏了他们创作艺术的秘密。”

面临着英国和其他地方的种种反对浪潮，钟士不屈不挠地向前推进。他经常对医学界演讲，为精神分析研究院（在1924年成立）铺路，贡献出他全部的才智和精力，支持弗洛伊德主义。

在英国和美国，对精神分析的讨论集中于它对医学界的实用价值以及它在“性”的强调上是否有依据。但是在欧洲大陆，精神分析方法却经常推广到和治疗没有关联的地方。

许多作家和艺术家的作品，或多或少都受到大家逐渐知道的潜意识的影响。但他们的反应是，避免和弗洛伊德牵扯在一起。

尽管受到“时代文学的补充”的影射，可是许多作者仍不愿承认，潜意识是他们创作的主要源泉。这种犹豫是很容易理解的。精神分析有一个大前提，那就是：“本能的生命和想象的生命有密切的关联；而且，一个在治疗中放弃神经质原的病人，和在创作中使感情升华的艺术家有相似之处。”职业的作家们多半对于这种视创作是“主观的逃避，而非客观的创造现实”的看法愤愤不平。

作家们的另外一种沮丧极可能来自《精神分析国际会刊》的过度夸张。那份刊物在大战后迅速发行，原则上应由弗洛伊德指挥，但是为了某些实际的目的，却受钟士的控制。一开始，会刊内容以非医学的论文为主。第一篇大幅的论文是《谈亨利八世的性格和婚姻生活》，接着还分析莎士比亚的悲剧《麦克白》和《威尼斯商人》。有些投稿人把理想定得很高。詹姆士·塔斯勒说："要归功于精神分析的，不仅心理学而已，还包括了所有邻近的学科，如人类学、民俗学、宗教经济学、社会学、历史学，甚至于文学批评、政治学和传记等等。"

"死亡本能说"的提出

尽管精神分析的锋芒太露，又有庸医和江湖骗子的利用，但它在20世纪20年代早期，仍然巩固了在第一次世界大战末期开始得到的地位。

执业的医生和病人每年都在增加，尤其是美国和英国，因为在这两国中精神分析的地位高过大多数欧洲大陆国家。精神分析用作研究的工具，可以有助于解决文学上、传记上或历史上的谜，尽管有时候因为使用人的经验不够而遭人非议。

弗洛伊德所说的潜在威胁来自"新弗洛伊德"的搅和。他们是一些精神分析师，但不像阿德勒、荣格和其他的变节者，他们虽然接受基本的弗洛伊德原则，但是却强调弗洛伊德不太重视的一些因素，而使学说的本来面貌被改变。

1920年初，弗洛伊德终于在维也纳大学当上了正教授，但那并不是使他位于真正职员行列的任命，奥地利人仍然不给他正式的认可。因此当别人提醒他，他的名声已经远远越过疆界时，他会说："除非先得到国内的承认，否则那是不可能的。"

他申报的所得税受到税捐局的怀疑，因为他的名声已吸引来自国外可以付得起高诊费的病人。他认为这表示维也纳官方已承认他的工作。

自从弗洛伊德三十多年前搬到公寓，家中的陈设一直没有多大的改变。候诊室仍然摆着1880年鲜红色厚绒布的椅子，镶了镜框的证书仍然挂在墙上，旁边的桌上放着几十年来搜集的雕像、古玩和艺术品。

弗洛伊德和母亲、妻子在一起

在这个完全沉溺于临床奥秘及精神分析理论的人冷漠和稍带忧郁的外表下，却有着浓厚的情感。他在1921年12月写信给在伦敦的撒母耳，为自己很久没有写信感到抱歉，他写道：

我现在正赚外国病人的钱，我甚至已经成功地重新得到一部分我在大战中损失的钱。只要我能继续工作，我想一定可以免除经济窘困。

没有大的不幸发生。明娜阿姨三周前在街上摔倒，她的右手腕骨折，但是并不严重。安娜非常健康，大家都喜欢她，可惜她现在已二十六岁（昨天刚过生日）仍然没有出嫁。玛莎和我都已渐渐觉得岁月不饶人了。马丁得到令人崇敬的地位，他的小孩长得很好。

你将从报纸上知道我们这里的一般情形。老母亲生活得很愉快，大概因为她起居正常和常运动的关系吧！我很高兴你的母亲也很好。

我诚挚地祝福你们大家，多联络。

西格蒙德上

美国人对弗洛伊德的经济颇有影响。他坦白地对撒母耳说：“我依赖外国的病人和学者，因为如果单靠奥国人的诊费，是不够过活的。到这个月底，我有四个病人（两个美国人和两个英国人）要走，因此我将有一段较空闲却较穷的日子。”

来访的客人中，有些是病人，但有更多是来接受训练的。弗洛伊德经常有困难，其中之一是语言问题，他对英文的良好理解力，并不能帮他听懂客人们各式各样的美国口音。他写信给亚伯拉罕说：“每天九节的精神分析课成为我极大的负担，因为其中有五节要用英文讲。我惊讶地发现，听英语要绞尽脑汁！”

遇到真正对精神分析及其前途有兴趣的美国人时，弗洛伊德甚至愿意牺牲他平常不容改变的假日。有一次，他花了一整个下午，与贝德格斯坦和杰利佛讨论了许多精神分析的问题。杰利佛叙述道：“我们有许多没有精确讨论到的地方，但是弗洛伊德很健谈，分析事理时很明晰敏锐。他说，他不了解柏格森……至于阿德勒，他说他没有什么用处。他称荣格最近的材料（特别是梦的未来功能）为‘垃圾’。”

在大战结束后的那几年里，弗洛伊德再一次把精神分析放在国际的大舞台上，并努力阻止人们无节制地滥用。同时，他又把精神放在始于战时的“超心理学”上。

他在1919年春天开始这项工作。他写信给法兰克基说："我现在所说的，很多都相当晦涩，读者们必须多用脑筋去思索。但是我仍希望你会对它们感兴趣。"他初步完成论文后，觉得不满意，又进行了改写。1920年夏天正式在维也纳学会宣读草稿，12月出版问世。

这篇论文叫作《超越快乐原则》，他在文中提出一个试验性质的理论，论文开始时他重复以前的信念，认为精神事件是以快乐原则为规律的。也就是说，相信那些事件的过程由一种使人不快的紧张促动，而它的目的是降低那种紧张而产生快乐。

弗洛伊德又说，"本能"是存在于有机生命中的一种欲动，在外来干扰力量的压力下，生物体势必放弃"本能"。也就是说，本能是一种有机体的弹性，或者可谓存在于有机体生命的惯性的表达。

弗洛伊德又勾画出"死亡本能"，说它在个人身上包含着以毁灭、死亡或避免刺激为目标的冲动。

弗洛伊德的"死亡本能说"几乎和"恋母情结"一样，引起了许多争论，而他此时又开始草拟一个他所谓"观念简单，将视为群众心理学扎根的精神分析基础"的论文，名叫《群众心理学与自我分析》。

弗洛伊德解释，个人附着于团体（不论这团体是一群足球迷、军队或国家）代表比较原始的忠诚延伸，也就是对于家庭或图腾时期的酋长的忠诚延伸。他说："团体中的领袖仍然是可畏的父亲，团体仍然希望被无限制的力量所统治，仍然热情地崇拜权威，原始的父亲是团体中的理想。"

再者，弗洛伊德正要改变"自我"本身的重要性，而把它牢牢地放在新的观念架构上。这个新观念架构是说：三个精神因子——“自我”、“本我”和“超我”的交互作用，控制了所有精神生活的活动。

弗洛伊德在战时及1923年之间发展的这个心灵思维的结构理论，在本质上，比他以前的理论更难证明，因为传统的科学方法只能够用来研究那些可以精确观察到的东西。就对于“本我”、“自我”和“超我”而言，神经病理学的研究可能有一天能提供这个证据，但是那日子还没有来临。

1923年，弗洛伊德纯粹以试验的性质，推出他的新理论。在这种情形下，他已经放弃了早先“我们拥有真理”的狂傲自大，而较接近爱因斯坦的结论：“科学家永远不能希望达到真理，仅能较接近真理而已。”但是他已经成功地发起他对于人类思维的新观念，而且不急着去观察它们的命运。

第六篇　与死神的搏斗

恋爱除了给人在心理上的积极作用外，还可因男女双方间情感上的交流及相互关怀而打破人与人的孤独和疏远感。

——弗洛伊德

承受口腔癌的折磨

1923年4月的一个晚上，弗洛伊德使他的医生菲力斯·道西大吃一惊，他要求医生看他嘴里那“令人不快乐”的东西。他接着说：“你要准备好，会看见你不喜欢的东西。”

看一眼就够了，弗洛伊德患上了一种晚期的“口腔癌”！道西医生再看了一眼，认为病情严重，需要活体解剖，并且动手术除去染病的薄膜。他们很快就安排好了。道西医生写道：“我们一起坐车到医院，说好了手术完后他可以马上回家。但是他失血较多，情况紧急，所以必须在医院单人病房的床上休息，因为那时没有其他的舒适病房空着。”

不久以后，就开始放射线治疗了，这是一连串治疗和手术的开端，希望可以防止疾病的蔓延。1923 年 5 月 10 日，弗洛伊德回复亚伯拉罕给他的生日祝贺信，他尚能写：“我又可以吃东西、工作和吸烟了！而我将试用你乐观的口号：祝你青春永驻，万年长青。”这封信代表着弗洛伊德面对挑战，努力不懈的精神。他一直到生命终结时，仍不屈不挠地表现出他真正的英雄本质。

巴德·格斯丁的医生检查了开刀后的疤痕，认为他正在逐渐复原中。但是弗洛伊德对本地人不太信任，他觉得身体仍然不舒服。8 月初，他去拉佛隆和女儿安娜会面。安娜劝他马上写信给在维也纳的菲力斯·道西医生。

道西立刻回了信，并且决定从维也纳出发，亲自去看弗洛伊德。他抵达拉佛隆后，马上发现癌细胞已经扩散，必须进行另一个更严重的手术。

可是再过几天，精神分析的核心小组会，就要聚集在圣克力斯多佛。而因为弗洛伊德早先计划，要在 8 月底去罗马，现在产生了两个问题：第一，核心小组的成员，现在还不知道弗洛伊德的情况有多严重，他们会不会劝他接受手术（因为他看起来并不希望动手术）？第二，弗洛伊德应该照计划去罗马，还是立刻回维也纳？

很显然的，弗洛伊德没有接受动手术的劝告，就去了罗马。等他回到维也纳之后才知道自己的病情已经很严重，而等到许多年后，才有人告诉他核心小组决定不让他知道真正的情况。

那就是弗洛伊德等待动手术时，他接到一封信，使他感到很满足。有一位美国的精神分析师，带着一封史丹利·何尔的介绍信来拜访他。何尔在信中赞美弗洛伊德说：“你的成就比现在任何一个精神分析家都要高超！事实上，历史将要证明，你对我们的贡献和达尔文对生物学的贡献相比较，有过之而无不及。我以为，如果你对那些叛离你的门徒宽容一点儿，也不会损及你崇高的学术地位。”“以我自己来说，你的工作一直是我过去十五年来工作上的主要灵感泉源。它已经给予我对于精神生活上的崭新观念，你赐给我的，比任何人都要多。”

弗洛伊德读这封信时，等待着他的是复杂的大手术。事实上，问题牵涉得很广，外科医生发现必须先在一个尸体上实验，然后才能决定是否进行手术。事实上，需要动两次手术。第一个比较小的手术准备在 10 月 4 日进行，一周后再进行大手术。首先，嘴唇和面颊必须割开很大的一个口子，然后将整个上颚和染病处右边的软肉割除。

第二个手术进行了七个钟头，要经过局部麻醉和一些镇静作用。在 10 月底，弗洛伊德就已经回到了柏格街 19 号。

现在，弗洛伊德正在康复中，他希望最坏的情形赶快过去，可是还不到两个星期，他的希望就破灭了。11 月 12 日，将先前割下的组织样品拿去化验的医生告诉他，疾病在继续恶化中。他们建议再动手术，弗洛伊德也同意了，于是就在当天下午开刀。

这次事情看来都很顺利，12 月底以前，弗洛伊德回到家，显然在迅速地复原中。

尽管十三年后，恶性的细胞才再度被发现，但是弗洛伊德的灾难却持续不断。他将会经历三十多次的手术，以除去慢性发炎的地方和病变前的癌细胞组织。

坚守工作阵地

1924年，有人建议弗洛伊德说，精神分析应该在银幕上呈现给大众，他的反应却是恐惧和轻视。他不仅仅是恐惧他穷其一生之力研究的成果会为了投大众之所好而变成低级趣味，他更不相信精神分析的理论能在银幕上解释清楚。

不到六个月，弗洛伊德获悉，德国最大的电影公司环球影片公司去找亚伯拉罕和沙克斯，想要他们指导如何制作关于精神分析的纪录影片。他们说得很明白，不论弗洛伊德或他的同事帮不帮忙，他们都决定拍这样的电影。

于是，一部叫作《灵魂的奥秘》的影片在1926年初发行，漠斯·沙克斯为看过电影的观众写了一篇论文。当《灵魂的奥秘》在德国各地上映时，弗洛伊德更加直接地牵涉到一个早年就潜伏在精神分析上的问题——外行人执行精神分析的问题。这种新的治疗方法应该只准合格的医生来执行或者也容许外行人参加。

在20世纪初，这问题几乎没有被认真地考虑过，在美国知识分子普遍存在的意见是，只有医生可以执行精神分析，而在奥国，可以同时接受医生和外行人执业。其他的国家采取折中的办法，如伦敦的钟士、柏林的艾丁顿等人，他们相信可由外行人执业的原则，但觉得它的实施应该以某些限制来维护——特别是事先应该经过医生的推荐。

1925 年贝德洪堡的大会，允许五个欧洲学会和纽约精神分析学会加入国际训练委员会后，欧洲和美国之间看法的分歧，开始要正面冲突了。翌年，纽约州宣布外行人执行分析为非法，使一些弗洛伊德的助手大失所望。他们以外行人的身份来到美国，希望他们的服务受到鼓励，但发现事情却恰恰相反。

1929 年在牛津召开的大会决议，诊断要和治疗分开，而且外行的分析师不能为病人提供意见，或直接替病人看病，除非那病人是由一个合格医药分析师介绍来的。更多的讨论继续于 1932 年的德国维斯巴登、1934 年的瑞士卢塞尼及 1938 年的法国巴黎被提出。尽管双方都曾让步，但历次的大会都没有解决这个问题。到了第二次世界大战末，因为死亡和相继移民外国，使欧洲的精神分析学会的人数锐减，实际掌握发言权的变成了美国人。

尽管弗洛伊德被疾病和死亡的阴影逐渐束缚，而且不断有叛离的门徒，但他坚守他这一辈子的工作信心。他继续提醒大众，相信精神分析能治愈各种神经病现象是不正确的。早在 1922 年，他为《大英百科全书》所写的一篇长文中，就提出这个警告。现在他说："只要有机体的因素仍然不能掌握，分析的许多地方就仍是在云里雾中。"几年后他的《可中止的与不可中止的分析》的文章，使他的编辑詹姆斯·史特齐承认："这篇文章给人的印象是，他对精神分析治疗的效果感到悲观。"

在弗洛伊德的研究重点改变得非常清晰可见之前，他历经了许多次兴趣的改变。他写道："我的兴趣，经过了一辈子迂回于自然科学、医学和精神治疗以后，回到长久以前就使我着迷的文化问题上。我更清楚地发现，人类历史事件、人类本质和文化发展间的互动、原始经验的沉积（最著名的例子是宗教）以及自我、本我和超我三者间动态冲突的反映，精神分析就是在研究它们。”

弗洛伊德新论文的第一篇是《幻觉的未来》，开始于1927年初，完成于秋天，在11月出版。论文中认为宗教本身是幻觉，而他知道，他势必再一次受到攻击。但是对他来说，这并不是新的经验，而且如果一个人在年轻时，就已经学会屹立于当代人的不同意之上，在他年老时，他知道不久后就要凌越于别人之上，那么批评又能对他怎么样呢？

在那篇论文中，弗洛伊德主张，他并没有增加什么反对宗教的声势，而他的表达只是“在那些伟大的前人的批评上，加了一些心理学的基础”。

《幻觉的未来》中的观念绝不是新的，它受到弗洛伊德三十年来所发现的精神分析理论的支持。而这篇论文所引起的反应正是意料中的。在纽约，犹太人牧师纳桑·克勒斯道出了一般人的观念。他说：“我们习惯于听一个人谈所有的主题，只因为他在某一方面做了一些令人注意的事。因为爱迪生知道电学，于是人们就要听他的神学意见；因为一个人在航空科学上有成就，就有人要求他谈宇宙万物的事。大家都赞美弗洛伊德这位精神分析家，但是我们没有理由也去尊敬他的宗教哲学！”

弗洛伊德总该有各种理由为《幻觉的未来》得到的反应高兴，但是，他至少曾对一个访客表示出不接受赞美的心情。

他以前的一个病人林拉佛果很热心地读了那篇论文，并写信给弗洛伊德，弗洛伊德就邀请他一聚。林拉佛果写道：“话一进入正题，弗洛伊德就承认任何人的赞美都会带给创作者快乐。但是他接着在我的热心上浇冷水。他说：‘这是我最坏的一本书！它不是弗洛伊德的书。’你们绝想象不到我的诧异，我当即埋怨他的说法！但他仍继续说下去：‘那是一本老头子写的书。’哎！那时我差点昏倒了。他一字一句地加强语气道：‘此外，弗洛伊德现在已经死了！相信我，真正的弗洛伊德的确是一个伟人。我特别为你感到难过，因为你过去并不了解他！’”

弗洛伊德的阴阳怪气可能和身体有关，他不断地有身体上的麻烦而且不停地挣扎。

1929 年夏天，当弗洛伊德又住在阿尔卑斯山时，他仍然爱山，仍然喜欢欣赏花草和风景。而为他看病的舒尔医生发现，“他所有的痛苦并没有大大减损他那种享受的能力。”但是他不能长途跋涉了，并且发现坐下来读书是很困难的事。他向朋友诉苦，说一个人总不能整天抽烟和打牌！他知道该怎么做。于是，他转而工作，因为“这么做，时间很快地就过去了”。

工作的成果是三万字的论文，完成于 7 月底，题目是《文明中的不快乐》，后来改名为《文明与其不满》。到了 9 月中，他不得不再去柏林治疗。他的女儿安娜照顾他，他尽情地享受了和两个儿子恩斯特与奥利佛家人共聚的时光。

弗洛伊德把精神分析运用在传记的写作上，写了一篇《汤姆斯·威尔逊——第二十八任美国总统》的论文。论文中他说威尔逊受到一种“父亲情结”的影响，以致在事业中的许多关键时刻里摇摆不定。事情的最高潮是他不能主宰巴黎和会，以及把“十四点原则”强加在不情愿的欧洲各国上面。作为一种精神分析的研究，这本书是很有劝服力和娱乐性的，但是也引起了许多的争论。

在 1931 年奥斯卡 Nemon 描绘弗洛伊德

1930 年初，弗洛伊德希望《威尔逊》这本书的出版，能使出版社窘困的经济情形复苏。但在 1932 年初，出版的可能性仍然不大，他转向别的他认为有帮助的事情。那就是《新导论演讲辞》，一共有七篇。

第一篇演讲是梦的理论的修正，大部分是较早的材料；第二篇谈梦和神秘学，透露精神分析至少可以解决一些通常被认为是玄学的事情。接下去的三篇谈到“超心理学”，比任何在战时的演说都复杂，文中介绍许多新的观念，以及来自“自我与本我”及“潜意识”的材料。

最后两篇归纳了弗洛伊德对医学以外的主题的观念，诸如“精神感应”、教育、宗教及共产主义等等。

国际地位日趋升高

1926年，弗洛伊德七十岁生日时，奥地利官方首次承认弗洛伊德。奥地利广播系统发布了有关他的生平和工作的纪念演讲。他对于这次庆祝活动百感交集，他写信给打算来维也纳为他祝寿的女婿哈伯斯塔特道：“你不必因为听说我已经老了，而且身体也不太健康而惊讶。目前我在疗养院接受心脏治疗，他们说那并不严重，但是需要做这种治疗。他们答应我这个月就可以出院，但是我知道，我身上大大小小的病，将不容易继续做困难的工作了。”

尽管弗洛伊德怀疑自己的健康情形，但是他在七十大寿来临前那段日子里精神相当愉快。他写信给撒母耳说：“我已经继续开始做一些工作。我每天花五六个小时为病人治疗。学生们和病人们都假装不知道我的病。我偶尔写些论文，我作品的全集已经完成了第一卷。现在我好像是一个名人，路经维也纳的作家和哲学家们都来看我，和我讨论。全世界的犹太人都以我为荣，把我和爱因斯坦相提并论。无论如何，我没有理由抱怨或恐惧地看着我自己的生命将结束。经过长时期的穷困后，我现在能毫无困难地赚钱了。”

弗洛伊德在格隆德西听到了自己荣获歌德文学奖的消息。

他对这项荣誉有着复杂的感情，那是诗人帕克伊特费了很大的劲，好不容易才说服歌德基金会通过提名的，奖金每年由德国的法兰克福市颁发。弗洛伊德告诉帕克伊特说：“我还没有被公开的荣誉宠坏，因此已习惯没有它们也过得下去。”

弗洛伊德对纳粹党的崛起，首先是出奇地沉默，当希特勒的胁迫从人们的噩梦变成现实后，他说了一句话：“谁能预料什么会成功，什么会有结果呢?”当局势越来越坏时，他的反应一半是充满哲学味道，一半是不相信。

在花园中休养的弗洛伊德

事实上，有许多合理的原因使弗洛伊德应该为未来恐惧。至少从 1873 年的经济大危机开始，他就曾经体验到维也纳的反犹太人运动，而他也曾亲眼目睹 1914 年德国的侵略。在“团体心理学”中，他清楚地显示出他深切了解乌合之众如何被野心家煽动利用。

但是，当别人警告他将有“焚书”事件发生时，他似乎仍然不太在意。1933 年 5 月 10 日，四万个柏林人，兴高采烈地看五千名佩着纳粹标识的学生在柏林歌剧院前焚烧两千本书，包括爱因斯坦、汤姆斯曼、雷马克、兹伟克以及弗洛伊德的书。弗洛伊德的书最后被扔进火堆，学生们高喊：“反对过分强调性生活的破坏心灵者，并且代表人类心灵的尊严把大坏蛋弗洛伊德的书送到火里埋葬!”

弗洛伊德对一位朋友说:“至少我的书已和最有名的作家的作品一起被烧了!”又对另一个人说:“人类的进步多么大!如果在中世纪,他们早就把我烧死了,现在他们只烧我的书就感到满意了。”以后回想起来,弗洛伊德的这句话显然是不祥的谶语。他的五个姐夫中,就有四人死在纳粹的集中营。

弗洛伊德不愿意把对他个人的威胁看得很严重,因此迟迟没有做任何逃避行动。1933 年春天起,朋友们相信希特勒一有机会,就会吞并奥地利,于是纷纷请他出国到他们那里去避难,建议他移居瑞士、法国、英国或美国,甚至西班牙籍的诗人波维达和一群同情他的作家邀请他到阿根廷。对这些人的好意,他的回答都是一样的:“没有必要逃走,我不相信这里有任何的危险。”

弗洛伊德只有在 1934 年时,曾向兹伟克承认,最坏的事情可能会发生。不过他表示,自己将一直守在维也纳,除非希特勒的暴政真的来临。

他的态度受到好几方面的影响:第一,一个老年人自然不愿意连根拔起;第二,他觉得离开就好像是抛弃他的岗位;第三,他仍深爱着维也纳的一切。但是,渐渐地,他开始发现“世界正变成一个大监狱,而德国就是它最恶劣的囚房”。

1934 年 2 月,奥地利多佛斯首相镇压了一次社会党的政变,国家的政权移到右派以后,弗洛伊德开始怀疑他在奥地利的前途。但是如果他离开奥地利会被人认为是畏缩,是从战斗中撤退,只有在情况最严重时才能采取这个步骤。他根本不像一个接近八十岁的病人,他认为他一旦离开奥地利,就不能行使原本最大效能的影响力。

希特勒被国会授以无限的权力后不久，德国的精神分析师就面临痛苦的问题。然后，德国吞噬了奥地利，占据了法国和荷兰、比利时、卢森堡，许多欧洲人也遭遇同样的问题——是移居离开“第三帝国”的控制比较好呢，还是留下来，以一种与敌人合作的态度屈服于纳粹统治下的命运呢？真是叫人左右为难！

对于“精神分析”来说，麻烦的第一个前兆是，希特勒被任命为总理后，德国政府禁止外国人担任任何医学会的高级行政人员。

希特勒在1933年获得政权以后不久，德国精神治疗学会便改组成为“精神治疗国际总医学会”。当时的会长克瑞舒曼辞职抗议，因为在新的政权下精神分析的实施将受纳粹党的控制。

新任命的德国空军部长的堂弟戈林教授实际控制了德国的精神分析学会。他通知会员，希特勒的自传《我的奋斗》以后将是大家的信仰基础。

背景知识

反犹主义

反犹主义是指仇视、排斥和迫害犹太人的种族主义思想和政策。表现为对犹太人的歧视、限制和隔离，乃至排斥、驱逐和灭绝。犹太人原是分布于西亚巴勒斯坦地区的游牧民族，原为古代闪族的一支，曾建立古以色列王国及犹太王国，后为罗马帝国所灭。由于不甘被奴役，数十万人民惨遭杀害，其余人口则被迫离开家园，四处迁徙，散居世界各地。

反犹主义可追溯到古代。中世纪时，反犹主义在欧洲有很大发展。在西欧，有关国家曾经限制犹太人和基督教徒交往，禁止他们通婚；强迫犹太人穿特制服装，住特别街区。到了资产阶级革命时期，有关国家从法律上取消了对犹太人的许多限制。近代的反犹主义起源于俄国和巴尔干半岛，后来发展到奥匈帝国和法国等国家。沙俄的反犹主义实际上已成为一种国策，如限制犹太人的住地，禁止犹太人购买土地、从事农耕，不准他们在邮电、铁路和军队等部门供职，还一再掀起蹂躏、迫害犹太人的浪潮。在希特勒统治时期的德国，日耳曼种族被宣布为优秀种族，犹太人则被宣布为德国人的敌人。

反犹主义发展到今天，通常被认为经历了三个基本阶段：

第一，宗教反犹主义。这是古代反犹主义的基本形态，主要出发点是犹太人杀死了耶稣，应该受到惩罚；或者犹太人应该改信其他宗教。由此对犹太人进行大规模地迫害。

第二，种族反犹主义。认为犹太人是贱民种族，可以肆意迫害，其最高表现是纳粹德国对犹太民族实施的大屠杀。

第三，现代反犹主义（又称新反犹主义），通常指冷战结束后从20世纪90年代初起在欧美的某些政治左翼、欧洲的极端右翼和伊斯兰极端主义中所兴起的对犹太民族的种族敌视。与传统反犹主义不同，新反犹主义往往蒙着“替巴勒斯坦人民打抱不平”、“反对以色列侵略”等欺骗性外衣，但其种族主义的核心内容并无任何变化，同样是为了煽动世人对犹太民族的种族仇恨。

以上三个阶段当中，尤其以第二个阶段对犹太人的迫害和屠杀最为严重。以希特勒为首的纳粹德国在二战期间疯狂屠杀犹太人，对犹太人进行种族灭绝性的大屠杀。

自1933年起，德国纳粹党开始了独裁执政，纳粹党开始一个大规模的反犹太活动。在同一年，纳粹德国政府撤销所有犹太裔公务员的职位。在1935年通过的《纽伦堡法案》对“犹太人”做出定义：凡有一个犹太裔祖父母以上的德国人都会被视为“犹太人”。《纽伦堡法案》还剥夺犹太人的德国国民权利。

其他法案将一个犹太人与一个非犹太人有性关系非法化。到1938年，纳粹德国已经禁止犹太人进入大多数专业。在1938年11月，纳粹党策划一个反犹太集会，称为“水晶之夜”。在这个集会中，有很多犹太人的商店和犹太会堂被破坏。

德国在1939年9月1日入侵波兰而在欧洲爆发第二次世界大战以后，不但纳粹党的反犹太政策在德国实行，而且这些政策亦延伸到德国占领的地方。

德国在1939年9月并吞了波兰以后，纳粹德国将它们国内和奥地利的犹太人集中在波兰的内陆地区。犹太人被放置在“强制性犹太人居住区”之内。最大规模的“强制性犹太人居住区”位于华沙。在华沙的犹太人被迫在1940年11月15日前搬迁到被指定为犹太人居住的地区，然后将这个地区封锁。继低地国家、法国、波罗的海国家和南斯拉夫受到纳粹德国的占领，更多的犹太人处在纳粹德国的控制范围内。

由1941年6月22日，德国偷袭苏联开始以后，德国党卫队和盖世太保跟随德军，对住在苏联乡区的犹太人实施大规模的屠杀。党卫队和盖世太保最初的杀人方法是用枪射杀，然后把他们的尸体埋葬在万人坑里面。但是柏林想出了更为“人道”的杀人方法来加快灭绝进程。这个方法是用毒气杀人。初时只用汽车的废气来杀犹太人。但是在1942年起则采用了氰化氢气来有效地杀死更多的犹太人。

在1941年12月，德国在波兰兴建六个杀人的集中营。当中的地点包括奥斯威辛和特雷布林卡。选择这些地点的原因是它们都是铁路的交汇点，并且都不是军事上重要的地点。所以，纳粹党可以秘密地进行这个杀人计划。

1942年1月20日的万湖会议，落实“犹太人问题的最后解决方案”以后，纳粹德国开始用这些集中营来杀犹太人。犹太人被用货车车厢运到这六个杀人的集中营。在奥斯威辛集中营，被运到的犹太人会经过一个挑选过程。可以做苦工的男性被送到苦工营，而其他的被送到毒气室。被送死的犹太人以为他们是被送到浴室，但是入到浴室的时候才知道浴室的莲蓬头只会放出毒气。其他的集中营只有杀人的任务而没有苦工营。

在1944年，当德国知道它们的气数已尽的时候，加快了集中营杀人的速度。当中包括被德军占领的匈牙利。

当盟军在1945年初解放波兰时，他们发现了这些杀人的集中营。整个二战中，大约有六百万欧裔犹太人被纳粹德国杀死，是欧洲犹太人人口的三分之二。

反犹主义产生的原因很多，有宗教方面的，也有政治、经济方面的。基督教经典《圣经》之一的《旧约全书》，原是犹太教的经典，基督教和犹太教两教之间有着密切的历史渊源。基督教教义认为，耶稣的十二门徒之一犹大出卖了耶稣，又是犹太人将耶稣钉死在十字架上，这就造成基督徒在情感上仇视犹太人。在中世纪的西欧，土地被人们视为最珍贵的财富，商业则是人们鄙视的行业。犹太人没有自己的国家和土地，到处迁徙，只能靠经商维持生计。他们迁到西欧后，遭到当地封建领主的歧视。在欧洲，尤以德国的反犹情绪最为严重。德意志民族和犹太民族都有很强的民族自豪感和使命感，犹太人自称是“上帝的选民”，而德国人则领导了欧洲长达数世纪，德意志国王建立的“神圣罗马帝国”的历代皇帝成了整个基督教世界的世俗元首。在普遍信仰基督耶稣、反犹的大环境下，德国统治者认为自己肩负着领导欧洲各君主国反对犹太教的任务。这种宗教感情的社会化，又逐渐衍化成一种普遍厌恶犹太人的社会心态，从中世纪到近代，一直在德国恶性蔓延。

这个时候，逃离德国的人渐渐增加，而弗洛伊德和他女儿安娜以及在伦敦忠贞不贰的钟士，开始为不再能够在“第三帝国”执业的精神分析师们找寻新的工作岗位。马克斯·艾丁顿和另外两位犹太难民，终于在巴勒斯坦创立精神分析学会。弗洛伊德的一些同事渡过大西洋，并在未来的十年内把精神分析的主流从欧洲移到了北美洲。还有许多人希望在英国定居，而钟士不得不告诉他们，甚至于一些英国的精神分析师，都没有足够的生意，所以即使新来的人能说一口流利的英语，成为职业分析师的机会仍然很小。

当这些阴影扩大时，弗洛伊德既苦于精神分析在欧洲的前途，又苦于癌症。他的医生们借着手术和镭光线以及任何其他可以阻止癌症顽敌前进的武器，不懈怠地奋战着。

马克斯·舒尔是弗洛伊德的私人医生。更多的手术依次出现，舒尔医生不得不让他的病人清楚地知道，癌细胞的成长和发炎是由尼古丁引起的。他说：“我苦苦劝他要戒烟，他却耸耸他的肩，以他的手作一种特有的姿态，不理我的建议……以后当他心脏有毛病时，他会一再遵守不抽烟的限制，但是他从来不顾嘴里的一个坏组织已经发展成为新的恶性癌的危险。”

弗洛伊德从不怀疑死亡是生命的结局，但是对于畸形精神现象更广泛也更复杂的谜团更加地怀疑了。他对罗曼·罗兰写道：“我不是一个完全的怀疑论者。我对一件事完全有把握，即使有些事情是我们现在不能了解的。”

在20世纪30年代，弗洛伊德继续怀疑那些他仍然焦急地排除在精神分析主义之外的主题。此外，他自己一直在和疾病战斗，这加强了他对世界尤其是精神分析前途的偏见。

弗洛伊德的态度，在1936年庆祝他八十岁生日时表露无遗。窦史万首先读了一篇名为《弗洛伊德对人类的史学观》的文章，弗洛伊德的反应是：“我很高兴听到你的美丽的辞藻、你的博学、你广泛的取材以及你不同意我看法的技巧。真的，一个人可以容纳无休止的赞美。”

在伦敦，弗洛伊德被选为英国皇家学会的外国会员。他的名字被著名的天文学家何若德·杰佛瑞和精神病学家阿德林提出，而且还得到曾参加过1908年萨斯堡大会的威佛瑞·特络特的支持。

弗洛伊德在柏格斯街19号的留影

在维也纳，心理学机构的教师研习会不知道该如何庆祝弗洛伊德的生日。最后，有人建议他会欣赏从山里采撷的一束花，于是一个职员去搜集了一大把黄色樱草花。他们派一个十七岁的女孩子送去给弗洛伊德。出乎她的意料，弗洛伊德请她进去坐，亲自谢谢她，而且强调他非常欣赏他们的盛情。

但是弗洛伊德知道，尽管他有着许多荣誉，他仍然在逆流中游泳。他在写给兹伟克的信中说："甚至我维也纳的同事，也只是当面尊敬我，他们背地里却背弃我。"他指出，教育部长的确正式地恭贺他，但是教育部长却又威胁奥国的报纸，如果他们报道这条消息，报社就要被查封。

1936 年年底，弗洛伊德必须经过另一次他称之为"普通的"手术，而这次却引起不平常的剧痛。他告诉兹伟克说："我必须取消我的工作十二天，我痛苦地躺下，热水瓶放在沙发椅上。"但是在新年开始时，他又恢复工作。1938 年 2 月，他在写给艾丁顿的信上，仍然对政治情况抱着乐观的态度。他说："虽然看德国最新的事件，没有人能知道他们的企图如何。但是我们勇敢而诚实的政府，目前更生龙活虎地捍卫我们，抵抗纳粹党。"

受到德国纳粹的威胁

1938 年 3 月 9 日，奥地利首相舒史克尼格宣布，奥地利政府要在 1938 年 3 月 12 日举行公民投票，看看人民是否愿意维持独立。1938 年 3 月 11 日，舒史克尼格服从希特勒的命令，取消公民投票。但是这还不够，在中午他被迫辞职。弗洛伊德一听到这个消息，就吩咐女佣去买一份报纸。他儿子马丁说：“爸爸轻轻地从波拉手中接过报纸，看了每个标题，然后用手把报纸揉成一团，扔在屋子的一个角落里。”在他的日记上写道：“奥地利完蛋了！”

取代舒史克尼格的是一个奥地利的纳粹党人西史英夸特，他的第一个举动是开门让德军进入奥地利。事实上，德国人已经开始进发了。黄昏，先头的坦克车隆隆地驶进维也纳的街道。在许多地方，民众快乐地欢迎德军，许多年以前担任维也纳市长的卡尔卢吉是一个反犹太的家伙，他在背后鼓动人民欢迎德军。

1938 年 3 月 12 日早上，希特勒亲自到奥地利，显然是基于一时的冲动，决定不设立傀儡政府，而把奥地利并入德国的版图。

美国第三十二任总统罗斯福

如果不是有两个相辅相成的单位帮助，弗洛伊德获救的机会会很小。在美国，有罗斯福总统的干预及国务卿柯德尔·胡尔的关注，再加上驻巴黎的威廉·布利特挺身相助，给予弗洛伊德人身保护，最后终于迫使德国人让他离开奥地利。在英国，钟士与掌玺大臣德拉渥及内政部长撒母耳的友谊，为弗洛伊德全家在英国居留的许可铺了一条路。

钟士有效地运用许多人事关系后，于 1938 年 3 月 15 日飞到奥地利。在他到达维也纳以前，英国外交部已经通知在维也纳的英国大使："钟士博士非常为弗洛伊德博士的前途担忧。如果他有求于你，希望你鼎力相助，掌玺大臣将会很感激你。"

到维也纳后，钟士首先到精神分析出版社的办公室去。弗洛伊德的儿子马丁在那里被捕，办公室正被德国人翻箱倒柜地搜查，显然，出版社不会因为它的国际性特质而逃过灾难。钟士又赶去柏格街 19 号，在那里得知，美国人不但机警地知道弗洛伊德的危险，而且已经开始运用所谓"友谊的利害关系"。

利害关系手段的运用，开始于那天稍早。美国驻维也纳总领事威利打电报给国务卿柯德尔·胡尔，要他转达布利特道："我恐怕德国人不会放过年老且有病的弗洛伊德。"胡尔不但立即把消息传给布利特，而且向罗斯福总统报告。总统用他私人的通讯网指示胡尔，传令给美国驻柏林的大使威尔逊。

威尔逊还没有回答以前，威利已经向胡尔报告，维也纳的新掌权者已经注意弗洛伊德了。他说："他的屋子被搜查，金钱和护照已被没收。在搜查时，我们公使馆的两位官员出现，表示'友善的关切'。从那时开始，弗洛伊德才没有受到骚扰。维也纳的警察总长答应保护他。法国使馆说，如果弗洛伊德得到出境许可，法国政府就给他签证。"

事实上，弗洛伊德家老早就被特务人员列为注意的重点之一，他们进入公寓，在门口安置了一个守卫。据钟士说，玛莎的反应是请守卫坐下，因为她不喜欢见到人们站在她家门口。然后她又把她所有的家用钱放在桌上叫他们随便拿，使这些不速之客感到难堪。安娜领官员到另一个房间，从保险箱内拿出大约六千个奥地利先令。此刻，房门推开，弗洛伊德出现了，他一句话也没有说，只是怒目而视。那些人显然很不安，迅速地走了，但是提出了警告，说他们以后还会再来。

1938 年 3 月 17 日，在柏林的美国大使向罗斯福总统报告他遵循指示办理的经过。

但是弗洛伊德仍未做出希望离开维也纳的表示，他泰然自若，呈现出一种新的自信，好像他又回到战斗一样，这使钟士的劝服工作显得极为困难。弗洛伊德推托地说他不希望在法国定居，于是钟士说他会想办法使英国接纳弗洛伊德。最后弗洛伊德终于提出问题的症结：离开祖国，就好像一个战士抛弃他的岗位。钟士反驳说，不是弗洛伊德离开奥地利，而是奥地利抛弃了他。他终于恍然大悟，同意离开维也纳。

钟士回到伦敦后，弗洛伊德居留在英国的问题终于顺利解决了。他和掌玺大臣及撒母耳的交情都派上用场。

到 1938 年 4 月中旬时，似乎只有一个难题要克服。威利通知柯德尔·胡尔说："弗洛伊德离境的事因为他的出版社破产而暂时不能发给签证。希腊的公主在这里极力为弗洛伊德奔走。她可能会承购出版社。弗洛伊德打算在英国定居。"

所谓"破产"，显然是在弗洛伊德领到离境许可以前，向他敲诈最多金钱的方法，因为德国精神分析学会已经接收了国际精神分析协会和出版社的财产。

1938 年 5 月初时，以金钱交换离境许可证的问题仍然呈焦灼状态，在柏林的威尔逊通知柯德尔·胡尔道："到维也纳的美国大使馆官员总会询问弗洛伊德的案子。处理这件事的盖世太保总是会说：‘警察当局并没有再反对弗洛伊德的出境，所有的公文已经准备就绪了！’”他又说：“但是弗洛伊德的离去之所以搁延，是因为他大约欠他的出版者三万两千先令，现在弗洛伊德正和债权人商量解决的办法。”他继续推论：“弗洛伊德有足够的钱去偿付债权人，但是他们还没有谈妥价钱，只要这项交易完成，弗洛伊德就可自由地离境。”最后，这笔敲诈的款项是由希腊公主玛丽·波娜帕特捐出来的。

希腊公主玛丽·波娜帕特

1938 年 5 月 5 日，弗洛伊德的小姨明娜被允许离开维也纳前往英国。一周后，弗洛伊德写信给在英国的儿子恩斯恃说：“在这悲哀的时候，有两个希望支撑我继续前进：一是和你们重逢，另外是自由而死。有时候，我把自己和《旧约圣经》中的老雅各相比，他年纪那么大了，还被他的儿子们带到埃及去。”

十天以后，弗洛伊德的大女儿玛西黛和她的丈夫获准离开，而弗洛伊德还得留下一个星期。最后，一切必需的文件都备齐了，盖世太保装腔作势地带给弗洛伊德一份公文要求他签名。公文上说：“政府公平合理地对待弗洛伊德。”他签字了，然后说了一句挖苦的话：“我可以满心欢喜，快乐地将‘盖世太保’推荐给任何人了。”

1938 年 6 月 1 日，万事俱备。6 月 2 日，弗洛伊德收到奥地利当局给他及他妻子和小女儿的最后解放令。第二天，弗洛伊德离开几乎八十年来一直是他家乡的维也纳，首先搭乘“远东号快车”到巴黎，同行者有玛莎、安娜、两个女佣和一位医生。

那天晚上，他们离开巴黎，搭乘晚上的渡轮到英国。在伦敦，恩斯特已经为他的父亲安排好了住处。钟士也已经做好他的预备工作。德拉瓦伯爵也已经安排好给予弗洛伊德一行人以外交人员的礼遇，因此他们在伦敦和多佛都没有遭到行李检查和其他的例行手续。钟士甚至成功地避开了许多不可避免的新闻界的注意，用他自己的汽车接走了弗洛伊德夫妇，在记者闻风赶来以前他们已经闪避开了。

背景知识

安娜·弗洛伊德

安娜·弗洛伊德（1895—1982），精神分析学派的创始人西格蒙德·弗洛伊德最小的女儿，也是弗洛伊德六个子女中唯一继承父业的人。在她出世以前，弗洛伊德曾希望她是个男孩。安娜自幼不受父亲重视，她自己曾在与朋友信函中称当时如果有避孕药，她是不会来到这个世界的。

但她并未让父亲失望，自幼对学术有兴趣，十五岁以前已经开始阅读父亲的论文，自行研习精神分析。十四岁即出席旁听父亲主持的精神分析研讨会。1912 年安娜在维也纳的考泰季中学毕业，此后她没有上过大学。中学毕业后，她曾担任过小学教师。二十三岁曾因连夜噩梦而陷入情绪困扰，经由父亲连续分析治疗达四年之久，这时她才真正接触心理学。当时她每周接受六个小时的分析，时间在晚上10点钟，直到1922年中断。但从1924年开始后的几年中，她仍断断续续接受其父的精神分析。1920年，父女两人一块儿参加了在海牙举行的国际精神分析学会，1922年安娜获准参加维也纳精神分析学会，并取得正式会员资格。1924年首次在学会提出研究报告，题为《击败幻想与白日梦》，引起精神分析学界重视。该报告内容是她对白日梦患者的个案研究，实际上那个患者就是她自己。

安娜·弗洛伊德（1895—1982）

1923—1938年，她在维也纳私人开业，从事精神分析治疗工作。1925—1928年曾担任维也纳精神分析学会主席，并担任维也纳精神分析教育学院院长。她还积极参加了国际精神分析学会的活动，并担任过该会的名誉主席。1938年，纳粹德国入侵奥地利之初，安娜曾被德军逮捕，获释后陪同父亲赴英国伦敦避难，一面照顾已患口腔癌多年的父亲，一面继续在伦敦从事儿童精神治疗工作。

1939—1945年，她在维也纳创办了一所私立小学，将原来用于病人的精神分析理念扩展用在教育上以研究儿童。后来成为著名心理学家的艾里克森，当时即在该校任教，并跟随安娜从事儿童精神分析研究。与此同时，她还在英国伦敦创办汉普斯特战争疗养院。机构创办初期，照顾在战争中和双亲失散的小孩，战后她改为儿童诊护所，开设儿童心理治疗课程，并对精神紊乱的儿童和成人进行临床诊断和分析治疗。这一时期她还走遍欧美，作专业和通俗的精神分析讲演，并担任耶鲁大学法学院和儿童研究中心的访问教授。此外她还开办了一个健康儿童科，一个因社会案件而设的幼儿班和一个专收盲童的幼儿班。1952 年起她担任汉普斯特诊疗所的所长直到逝世。

安娜未接受大学教育，无正式学历，学术成就全靠自修，她终身未婚。一般认为，安娜在心理学上最大的贡献乃是她对父亲的牺牲奉献，当弗洛伊德的精神分析学说尚未得到重视，唯有安娜坚守在父亲身旁。1923 年弗洛伊德患口腔癌，开始依赖安娜的照顾及看护。当他需远赴柏林进行治疗，陪伴他的只有安娜。因为弗洛伊德患重病，一个保护心理学的秘密组织成立，安娜是其中一个组员，她要求其他组员捐出一只指环以示信任。从那年开始，安娜便成为弗洛伊德的秘书及代理了。而当奥地利被德国纳粹入侵时，安娜还为了保护父亲，代替父亲接受盖世太保的侦讯。此外，她协助弗洛伊德使其晚年著作得以出版，并编纂了二十四卷的弗洛伊德全集英文标准版。

由于安娜·弗洛伊德对精神分析，特别是儿童分析的卓越贡献，许多大学授予她名誉博士学位，其中有美国的克勒克大学（1950 年），杰佛森医学院（1964 年），芝加哥大学（1966 年），耶鲁大学（1968 年），她父亲的母校奥地利的维也纳大学（1972 年），美国哥伦比亚大学（1978 年），英国剑桥大学（1980 年）。此外美国政府还曾授予她“麦迪逊奖”，英国政府也曾授予她大英帝国骑士爵位。她还担任过《儿童精神分析研究》的主编和国际精神分析协会名誉会长。

流亡英国伦敦

弗洛伊德还有一年多可活，对于一个八十多岁、疾病缠身的人来说，日子真是难过。在那几个月里，至少有一部分肉体上的痛苦被他在英国受到的欢迎抵消了。欢迎他的人，不仅是有特别理由承认他的正式医学界人士和犹太人团体，同时也包括了一般人士。

1938 年，玛莎写信给仍在维也纳的弗家姐妹们说：“每天我们都收到许多欢迎他的信。我们只来到这里两个星期，但即使信件不注明街道，只写‘伦敦，弗洛伊德’也照常收得到。想想看，伦敦市有一千万居民，这不是很奇怪吗?”

借着安娜的帮忙，弗洛伊德才应付得了如潮水般涌进家来的信件。有些信是朋友们写来的，另外有许多则来自完全陌生的人，他们只是希望问候他或索取签名。当然，也有些是弗洛伊德所谓的“古怪的人、傻瓜、信教着迷的人”写来的信，他们从《圣经》上抄录下应许救恩的句子，想要劝弗洛伊德相信以色列人的命运将得以挽救。

1938 年 6 月 23 日，来了一群使他特别高兴的访客。他们是英国皇家学会的秘书们，带来学会的会员录，请他签名。弗洛伊德无法亲自到学会的总部，会员录送到他面前的这项荣誉在过去只有英国国王才能享有。他告诉齐威格说："他们留下一册复制本给我。如果你来这里，我可以将牛顿和达尔文的签名指给你看。"

1938 年 7 月，弗洛伊德又开始工作了。他现在所做的是"归纳精神分析的教义，而且以最精简的形式和最不含糊的字句来叙述它们。它的用意自然不是强迫别人相信或是引起盲从"。

此外，在美国和英国，精神分析将被广泛地应用，那是弗洛伊德始料不及的。其中的一个原因是几个月以后就要爆发的第二次世界大战。大多数的交战国都聘用精神分析专家，为他们自己的心理战运动提出建议，也分析敌人的心理战。弗洛伊德的学生恩斯特·克里斯就要在英国组织一个特别的政府机构，分析德国人的广播，后来在美国也这么做。战争一开始，使用精神分析专家治疗战争伤患的范围，要比第一次世界大战广泛得多。

弗洛伊德安下心来写《精神分析大纲》。他重复各种基本的理论，以"自我"、"本我"和"超我"的结构来叙述，而且在许多地方暗示他有新观念要详细地阐述。不幸的是，他永远无法实现了！

1938 年 9 月底，弗洛伊德搬到位于马斯斐德花园的一幢宽广的老宅中。这时候，他的家具和私人收藏物已经从维也纳运到了。因此，安娜和女佣能在楼下的一间屋子里，"重建"弗洛伊德在维也纳的书房。她们把家具放在同样的位置，把同样的雕像和画放在桌子上，这使弗洛伊德倍感亲切。

这是弗洛伊德最后的家。弗洛伊德自己只在这里消磨了最后的十几个月，他的妻子和小姨继续住在这里，分别于 1951 年和1941年死亡。

这个时候，弗洛伊德大多数的近亲都安全了——大女儿玛西黛和她丈夫以及马丁和恩斯特两家人都在英国，奥利佛一家人在法国。而弗洛伊德的另一个女婿哈伯斯塔特带着他的儿子于一年多前从汉堡移民到南非；他的弟弟亚历山大不久就到了加拿大，并在那里终其一生。

但是有一个阴影一直笼罩着弗洛伊德，他为“四个年纪都在七十五到八十岁之间的老女人”忧虑——他四个仍住在奥地利的妹妹。在离开维也纳以前，弗洛伊德和亚历山大给了她们十六万先令（以当时的汇率，大约相当于三万两千美元或八千英镑），除非钱被德国人没收，否则足够她们用上好一阵子。无论如何，他曾设法接她们去法国，但是没有成功。弗洛伊德死前不知道，他四个高龄的妹妹已被纳粹党驱逐出维也纳，而且都死在集中营里了。

摩西塑像

到了1938年秋天，弗洛伊德的精力已经所剩不多。他把它花费在他最后一篇震撼人心的论文的写作上，那就是《摩西与神教》——三篇论文和几年前写的序文。

早在1909年，弗洛伊德告诉荣格，他注定要去开拓精神病学的应许之地“约书亚”。而弗洛伊德本人就像摩西一样只能远远地观望。在奥地利作家舒尼兹勒庆贺弗洛伊德七十岁生日以后，弗洛伊德回信说：“在感情上，犹太人的归属仍然对我非常重要。”他对瑞士犹太人周刊的编辑说：“我永远对我的种族有血浓于水的感情，我也如此教导我的儿女们……”但是，希特勒掌握政权以后，犹太人是“人类中最特别和邪恶的民族”的理论甚嚣尘上，弗洛伊德开始疑惑：“什么是真正构成犹太民族的本质？它在历史上如何发展？为什么犹太人经常受人压迫？”弗洛伊德的解答是，摩西是一个埃及人，他不同意皇家的宗教，于是聚集了一群跟随者，离开埃及。

《摩西与神教》在1939年3月初，分别在荷兰和德国出版。一般人认为，《摩西与神教》是弗洛伊德比较不成功的作品。一方面，这本书被他写了又改，改了再写，以至于结构动摇；再一方面，年纪大也是主要原因。钟士私底下向一个书评人承认道：“弗洛伊德在晚年引述别人的话时特别挑剔，他只引用支持他特殊论点的话。不像他早年时，会看完整篇文章再斟酌。这种习惯与他的精力所剩无几有关。”

背景知识

摩　西

《圣经》中记载，由于居住在埃及的犹太人勤奋，并且以擅长贸易著称，所以积攒了许多财富，从而引起了执政者的不满。另外加上执政者对于以色列人的恐惧，所以法老下令杀死新出生的犹太男孩。摩西出生后他的母亲为保护他的性命，“就取了一个蒲草箱，抹上石漆和石油，将孩子放在里头，把箱子搁在河边的芦荻中。”后来被来洗澡的埃及公主发现，带回了宫中。摩西长大后一次失手杀死了一名殴打犹太人的士兵，为了躲避法老的追杀，摩西来到了米甸并娶祭司的女儿西坡拉为妻，生有一子。摩西一日受到了神的感召，回到埃及，并带领居住在埃及的犹太人，离开那里返回故乡迦南。在回乡的路上，摩西得到了神所颁布的《十诫》，即《摩西十诫》。

手持十诫的摩西

摩西最享盛名很可能在公元前 13 世纪时期，因为普遍认为“出埃及记”中的法老拉姆萨斯二世就死于公元前 1237 年。因为他的名字来自埃及语而不是希伯来语，意思是“儿童”或“儿子”。从他出世后的五百年中，摩西为所有的犹太人所敬仰。到公元 500 年，他的名气和声望同基督教一道传遍欧洲许多地区。一百年以后，穆罕默德认为摩西是真正的先知。随着伊斯兰教的传播，摩西在整个伊斯兰世界里（甚至包括埃及）成了受人敬仰的人物。摩西在他死后三千多年的今天，仍同样受到犹太教徒、基督教徒的尊敬，甚至还受到许多无神论者的尊敬。

安静地去世

1938 年 10 月里，弗洛伊德写信给一位朋友，说道："我已经安然度过另一个经常性的手术，又能工作了。"他正为自己已经逃过了"条顿民族的疯狂"而高兴，正"等待目前还没有来的病人们"。不久以后，他又每天主持四节精神分析课。

年后，他的身体有了变化。1938 年 1 月中旬，另一个肿瘤出现在他的口腔深处。舒尔医生写道："起先，它看起来像另一个骨疽，但是不久以后，这个组织被破坏的情形显得异常严重。医生们对弗洛伊德病情发展的严重程度有分歧的意见，他们不能确切地控制住它。1939 年 2 月底，巴黎居里机构的拉卡沙尼博士抵达伦敦，指导我们施行放射线治疗，同时还做了许多试验。结果使人叹息，癌症又回来了，它的位置使我们无法动手术。到了 1939 年 3 月，我们都知道，我们最大的希望只是设法减轻他的痛苦。"

弗洛伊德还剩下六个月左右的时间。他顽强地面对命运而拒绝服用可以减轻疼痛的药物，直到死前的几个星期他还为几个病人进行精神分析。

1939 年 4 月里，舒尔医生必须离开英国，到美国办理移民手续。这时候，弗洛伊德已经不能照顾自己了。他写信告诉希腊公主波娜帕特道：“我很希望有办法缩短这个残酷的过程。”但是他仍拒绝放弃，两个月后写了一封信给威尔斯，还乐观地描述他的远景，并提议再来一次茶会。

但是，舒尔医生 1939 年 7 月里回到英国时，发现他的病人的身体更衰弱。更令人难过的是，精神上已冷漠木讷。弗洛伊德现在一直住在底层的房间里，外面就是花园。太太玛莎仍然和往常一样，以全副精神将家务治理得井井有条，安娜现在则昼夜不停地服侍在床头。

1939 年 8 月，弗洛伊德开始一蹶不振。亲戚和朋友们都纷纷前来做最后的探望。1939 年 8 月 12 日，准备前往美国的侄儿哈里向弗洛伊德告别并说：“回来过圣诞节时，会再来看您。”弗洛伊德苦笑着说道：“你回来时，一定再也看不到我了！”

1939 年 9 月里，弗洛伊德的病情继续恶化，吃喝和睡眠变得更加困难。21 日早晨，舒尔医生坐在他床边时，弗洛伊德对他说：“我亲爱的舒尔，你一定记得我们第一次的谈话，那时候你曾答应我，当我的死期来临时，你不会抛弃我。现在只有折磨，一点儿都没有意义！”

舒尔医生当然没有忘记。弗洛伊德谢谢他，并且说：“请你告诉安娜这件事。”没有一丝自怜的感情。

舒尔医生写道：“当他又陷入痛苦时，我为他在皮下注射了两毫克的吗啡。他马上感到了一种前所未有的解脱，并安静地睡着了，痛苦的表情也消失了。过了大约十二小时，我又为他打了一针。弗洛伊德显然已经精疲力竭，陷入弥留状态，从此再也没有醒过来。他死于 1939 年 9 月 23 日凌晨 3 点钟。”他走完了八十三年的人生路程。

接下来的追悼现场，热烈异常，虽然当时全世界正陷于历史上最残酷的战争烽火中。在美国，1939 年 11 月的《美国社会学会刊》以全部篇幅登载并评论弗洛伊德的那些具有影响力的文章。别的报章杂志上，赞美的言辞和生平的介绍也比前几年可能出现的情形多得多。

附　录

弗洛伊德年表

1856 年 5 月 6 日，生于奥地利弗赖贝格市摩拉维亚的夫来堡（现属捷克）。

1873 年，17 岁。以优异的成绩毕业于里波史达德中学。秋，考进维也纳大学医学院。

1875 年，19 岁。赴英国旅行，回维也纳后立志攻读医学。

1880 年，24 岁。受维也纳大学历史系教授冈柏的委托，把英国哲学家、经济学家约翰·斯图亚特·密尔的著作译成德文。

1882 年，26 岁。4 月，与玛莎·柏纳斯邂逅，6 月中旬订婚。7 月，进维也纳总医院工作。

1884 年，28 岁。1 月，进神经科。7 月，发表有关可卡因的论文。

1885 年，29 岁。夏，离开维也纳总医院。9 月，被任命为维也纳大学讲师。10 月，得到一笔奖学金后前往巴黎，师从法国神经学家沙考。

1886 年，30 岁。2 月，自巴黎返国，途径柏林，去巴金斯基的诊所，了解儿童精神疾病方面的情况。4 月，在维也纳开业行医。秋，与玛莎结婚。

1891 年，35 岁。出版《论失语症》。全家搬到伯格斯街 19 号居住，直到 1938 年才离开。

1893 年，37 岁。次女苏菲诞生。和布劳尔合作发表初论《歇斯底里的心理机制》。

1895 年，39 岁。小女安娜诞生。与布劳尔合写的《歇斯底里的研究》出版。7 月 24 日，对自己的梦境“伊玛之梦”首次做了分析。

1900 年，44 岁。《梦的解析》问世。

1902 年，46 岁。被维也纳大学特聘为副教授。与阿尔弗雷德·阿德勒等四青年创办“周三心理学研究学会”。

1904 年，48 岁。出版《日常生活中的精神病理学》。

1905 年，49 岁。出版《玩笑及其与无意识的关系》、《杜拉的分析》和《性学三论》。

1907 年，51 岁。演讲《创造性作家与昼梦》。与荣格会面。写《强迫观念活动与宗教仪式》。

1908 年，52 岁。4 月 27 日，第一届“国际精神分析大会”在萨尔斯堡召开。

1909 年，53 岁。9 月，应美国马萨诸塞州乌斯特市克勒克大学校长霍尔的邀请，与荣格等前去参加该校二十周年校庆活动，并做了精神分析学方面的系列演讲。自此，精神分析学在美国开始产生较大的影响。

1910 年，54 岁。写《列奥纳多·达·芬奇和他对童年时代的一次回忆》。

1911 年，55 岁。9 月，在魏玛召开第三届国际精神分析学大会。秋，与阿德勒决裂。

1913 年，57 岁。在慕尼黑召开第四届国际精神分析大会。《图腾与禁忌》出版。

1914 年，58 岁。发表《精神分析运动史》和《米开朗基罗的摩西》。

1915 年，59 岁。4 月，发表《对战争与死亡时期的思考》等论文。在维也纳大学开讲《精神分析引论》。提出“心理玄学”的设想。

1916 年，60 岁。《精神分析引论》出版。

1920 年，64 岁。9 月，在海牙召开第六届国际精神分析学大会。著《超越快乐原则》。

1923 年，67 岁。4 月，患上口腔癌，做首次手术。发表《自我与伊德》，提出新的人格理论。

1925 年，69 岁。撰写《自传》。在洪堡召开第九届国际精神分析学大会。

1926 年，70 岁。奥地利官方在弗洛伊德七十岁寿辰时，首次通过广播介绍弗洛伊德的生平。

1927 年，71 岁。出版《幻觉的未来》。在因斯布鲁克召开第十届国际精神分析学大会。

1929 年，73 岁。《文明及其不满》出版。在牛津召开第十一届国际精神分析学大会。

1930 年，74 岁。荣获歌德文学奖，因健康等原因，由女儿安娜前往法兰克福参加授奖仪式。

1932 年，76 岁。著《精神分析引论新编》。在威斯巴顿召开第十二届国际精神分析学大会。

1935 年，79 岁。当选为英国皇家学会通讯会员。

1938 年，82 岁。6 月，在恩斯特 · 钟士等人帮助下克服重重障碍，离开维也纳前往英国伦敦。9 月，接受最后一次手术治疗。

1939 年，83 岁。3 月，《摩西与一神教》出版。9 月 23 日，在伦敦去世。